기억의 재구성

시와문화작가회 회보 3

시와문화작가회 편

시와문화

|차례|

■초대 시

■회원 시

■수필

■회원 동정

■함께 살아가는 세상

■초대시

무인 카페 외 1편

박 몽 구

사무실 앞 고향식당에 들러
라면정식으로 출출한 속을 덥힌 다음
길가에 붙은 무인카페 문을 밀고 들어간다
눈에 쏙 들어오는 로고 간판을 단
카페가 바로 곁에 있지만
점심 값보다 비싼 커피 값에
선뜻 구두코를 들이밀기가 겁나서이다
커피 머신 옆에 켜켜이 쌓인
종이컵 하나 빼들고 아메리카노 버튼을 누른다
윙 윈두 가는 소리가 나더니
부글부글 물 섞는 소리
유목민들이 양젖을 짜듯 커피가 빠져 나온다
추출기가 커피를 짜는 동안
단출하게 탁자 세개 놓인 카페 안을 힐끔거린다
한쪽 벽이 파란 해변 사진으로 채워져 있다
탁자 사이에 두고 건들거리며

카페 라떼를 마시는 연인들 너머
하얀 이를 드러낸 파도가 넘실거린다
천장에는 산토리니 마을 파란 집들
도란도란 모여 있고
통유리창에는 출항을 앞둔 카페리가 떠 있다
딸깍 딸깍
커피 추출기가 노즐을 닫는 소리…
잔을 든 채 털썩 자리에 앉으려다
모금통에 꾸깃꾸깃 천원짜리 두 장을 집어넣는다
구석에 달린 씨씨티뷔가 빤히 들여다보고 있다
지난밤 뒤척이다 간 청춘들의 흔적
기우뚱거리는 의자 다리에 아프게 남아 있다
고시원마저 스며들 처지가 못 되어
24시 무인 카페를 찾았지만
난방 배관이 없는
카페의 공기가 추위를 막아주기에는 역부족이었으리라
코밑을 자극하는 담배 냄새
웅크린 채 겨울밤을 견뎌낸 흔적이다
도시의 사냥꾼이 되어 떠난 그들의 뒤를 따라
흘린 커피 몇 방울
일회용 티슈로 닦은 다음
기약 없이 예약해둔 카페리 티킷
마음 깊이 담은 채 무인카페 문을 밀고 나온다
차가운 공기가 훅 끼친다

신신다방 렌트카 캐시 플러스

5·18을 앞두고 광주송정역에 내렸다
국민학교 4학년 때 엄동의 송정리역
톱밥난로 이글거리는 불빛에 손바닥을 쬐며
사극 수양대군을 보던 기억이 생생하다
무싯날에는 빈 철로에 세워진 탄차에서
조개탄을 훔치느라 까매진 얼굴로
역앞 신신다방 계단을 올라가
유리창 너머 흘러내리는 전축 소리를 들었다
다들 손가락질하지만
고향에 두고 온 남동생 같다며
곰보빵이며 과자 부스러기를 쥐어주던 누이들
몰려 있던 1003번지 골목
재개발 열기에 떠밀려 사라지고 없다
누이들의 허물어지던 뒷모습
쓸쓸하게 흔들리던 거리에는
키 머쓱한 오피스텔이 들어서서
출근 기차 시간에 대기 바쁜 친구들
튀어 나가기 좋게
역 쪽으로 슬라이딩 도어가 붙어 있다

낡은 계단 삐걱거리는 신신다방
헐고 들어선 스타벅스에서는

왕관을 쓴 여자 요염하게 허리 흔들며
세련된 재즈를 은근하게 흘린다
당구장 자리에는 탐라 렌트카 입간판
떡 버티고 서서
훌쩍 떠나라고 부추기고
그 위에는 전당포 대신
인터넷으로 돈 얼마든지 융통해주는
캐시 플러스 사금융 회사가 버티고 있다
보이지 않게 불어난 빚더미에 몰려
쏟아지는 경매 물건들 딛고
속속 늘어난 빈 집들
채워줄 사람들 속속 사라지고 있다

박몽구 1977년 《월간 대화》로 등단. 『라이더가 그은 직선』, 『5월, 눌린 기억을 펴다』 등 시집 있음.

진안進安 가는 길 외 2편

김 두 례

지나간다. 고속도로를 달리는데 장의차가

기관지 천식 앓던 외할머니 기침 소리 지나간다

도수 높은 안경 끼고 노인회관 드나들던 큰아버지 지나간다

'소리 지르지 마라' 입 모양 찬찬히 보던 큰어머니 주름진 얼굴 지나간다

육이오 때 경찰이었던 외삼촌 낙동강 건너지 못하고 지나간다

씨앗 품은 봉선화 같은 숙모 지나간다

객사 직전 고모를 찾았다는 외사촌 오빠 다급한 목소리 지나간다

이발사였던 둘째 큰아버지 가위 소리 지나간다

급체로 돌아가신 둘째 큰어머니 창백한 얼굴 지나간다

손님처럼 하룻밤 주무시고 순천으로 떠난 얼굴 아득한 할머니 흰 무명치

마 지나간다

마루에 앉아 앞산 하염없이 바라보던 반백의 아버지 지나간다

어린 자목련처럼 입술 파리한 큰언니 지나간다

먼 하늘이 달린다 푸른 산이 달린다 깊은 강이 달린다 고속도로가 달린다

줄에 눈이 간다

걷다 보니 주차장 앞이다. 오가는 차들이 뜸하다. 저 주차장은 언제 차들을 칸칸이 가득 줄 세웠을까? 어제도 운전을 했다. 운전대에 앉으면 의자를 당기고 백미러의 수평을 맞추면 운전대가 나를 운전하고, 앞 뒤로 줄을 세우지. 건너 아파트 벽에 에어컨 실외기들 난간에서 줄을 맞추고 있다. 아 아파트에서도 줄을 서야 하는 것이다. 벽에 매달려 층층에서 줄을 잡고 있는 것이다. 중력으로 견디는 저 줄, 나는 지금 어떤 줄을 잡으려고 걷는 것일까? 걷는 동안만이라도 줄 서지 않을 수 있을까? 나란히 피어있는 메리골드 화단을 가로지른다. 새소리가 난다. 길바닥에 내려앉은 까치는 꼬리를 까딱까딱하면서 줄 서지 않았다. 까치 등에서 빛이 반짝한다. 까치를 보느라 너는 줄 서는 것을 잠시 잊은 것일까? 빨리 걷는다. 어느 줄에 가까이 가고 있는지, 아이들이 줄 서 오는 보도블록 금을, 나는 지금 밟고 가고 있다.

어떻게 해야 할까요
-미선 언니에게

오랜만에 불러 보네요
서울에 온 지 얼마 안 돼 언니를 따라다닐 때
모든 것이 새로웠어요
이태원 골목에서 인형처럼 눈 큰 작은 아이에게
“유아 베리 프리티”
나도 어쭙잖게 말을 따라 건네고
아이의 부모에게 유치원 모집 광고지를 건넸지요
언니의 긴 머리가 바람에 날릴 때 반짝하던
오르막길에서 참사가 일어났네요
어디에선가 같은 뉴스를 접하고 있겠지요
한밤중 이태원 뉴스는 밤을 지새우게 했지요
곧 다 구출해 내겠지 하고
그때 걸었던 이태원 골목을 떠올렸는데
그 길이 사람들이 압사로 다 무너졌다니
긴가민가할 때 사고는 더 커져가네요
오늘 한 시인 친구와 시청 시민분향소에 갔어요
영정사진 속 많은 얼굴을 보았지요
지금 이곳에 있을 모습으로 저쪽에 있는 얼굴들을요
저쪽에 있을 수도 있는 저는
오늘 이쪽에서 하얀 국화를 올렸어요
의자에 앉아 있던 검은 옷을 입은 한 사람이 벌떡 일어나서

"다 죽여버리겠어…"
어찌 미치지 않을 수 있을까요
어찌 목이 쉬지 않을 수 있을까요
세찬 겨울 벽에 맞선 모습이었어요
살아 있는 모두가 죄인 같아요
그 골목을 다시 예전처럼 걸을 수 있을까요
무얼 해야 할까요

김두례 2019년 《시와문화》 신인상 등단. 시집 『바그다드 카페』 있음. 동서문학회, 한국작가회의 회원.

홍어무침 외 2편

김　림

열여섯 살 겨울 성탄절 전야
주소도 없이
한두 번 엄마 손에 이끌려 갔던 외삼촌 집에
엄마의 부음을 전하러 간다.
구로동 소방서 어디께쯤
야속한 기억은 비슷한 골목길을 펼쳐놓았다.
미로 같은 골목에서 찾아낸 초록 대문 뒤
숨은 그림처럼 굳었던 외삼촌
열여섯 조카가 전하는 부음에 털썩 주저앉았다.
마흔넷 누이의 죽음 앞에
슬픔으로 밥상이 차려졌다.
그래도
산 자는 밥을 먹는다.

전쟁놀이

옹기종기 모여 앉은 아이들
햇빛 아래
빛나는 사금파리 무기로
전쟁놀이가 한창이다
금단의 선을 범하면
명쾌하게 내려지는 사망 선고
“야, 너 죽었어.”
죽었다는 말이 이리도 명랑한 말이었나
머리를 긁적이며 죽은 아이가 웃는다
지나간 것들은 동글동글
모서리가 닳아져 있게 마련
조막만 한 손바닥이 지구를 훑는다

노을

어쩌다 불려나간 술자리에서였다
崔 高라는 함자를 가진 한두 번 안면 있는 시인이 용케도 내 이름을 기억한다며 어깨를 으쓱하곤 언제 한번 내 시를 자신에게 보여 달라 했다
자신의 이름 고가 바로 원고 고稿 字가 아니겠냐며 호탕하게 웃었다
좌중에 얼굴들은 아무렇지 않게 왁자했지만 내 얼굴은 순간 산을 넘는 붉은 해를 닮아 있었다
당장에라도 산 너머로 붉게 사라지고 싶었다

김 림 2014년 《시와문화》 등단. 시집 『꽃은 말고 뿌리를 다오』, 『미시령』이 있음. 한국작가회의 회원, 민족문학연구회 회원. rosek0611@hanmail.net

불면 외 1편

김 문

그대를 놓치고 잠을 놓쳤다
불면은 잠에 갇힌 그림엽서
팔레트를 탈출한 물감들 혼돈의 숲으로 흘러들고
날개 달린 물고기가 비행운을 긋고 사라진 길로
공중을 유영하는 은빛 지느러미들 모여든다

첫 소절을 놓친 노래처럼 무대를 퇴장한 잠
밤은 림보의 계곡 어디쯤에 나를 세워둔 채
베르길리우스는 끝내 오지 않는다

침대를 빼앗긴 잠의 이목구비가 가난한 부족을 두고 온
전사의 얼굴로 거울 속에 있다

인간은 슬퍼하고 기침하는 존재*라고 한 사람
그가 놓친 잠속으로 슬픔을 찾아 떠났다
나 또한 슬퍼하고 기침하는 사람
사랑을 놓치고 잠을 놓치고 불면을 부둥켜안고
부재의 괄호를 수없이 낳고 버렸다

부서진 잠의 조각들이 오늘밤 그녀의 레시피다

악몽과 불면증이 결합하고 해체하는 몽상의 밤
인간과 새가 혼재된 새로운 종種을 창조한다
올빼미 안경을 낀반인반조**의 그녀, 밤마다
새로운 창조를 위해 불면한다

새벽녘, 퉁퉁 부은 얼굴로 찻잔을 들고 있는 여자
잠이 버린 여자는 왜
헝클어진 머리로 아침의 목을 조를까

*세사르 바예호 『오늘처럼 인생이 싫었던 날은』 중에서
**레메디오스 바로 『연금술의 미학』 중에서, 〈새의 창조〉

먼 곳들이 돌아오는 시간

눈보다 먼저 달아나는 풍경들, 먼 곳들이 사라지는 때
볼록렌즈의 풍경들이 멀어져가는 시간을 부른다
언젠가 한 번 쯤 마주친 눈빛, 눈감아 외면했던 얼굴들이
바짝 다가와 있다

볼록렌즈는 태아의 방 검은 물고기가 지느러미를 흔들며 지나간다
검은 사내가 검은 꽃이 그리고 검은 기록들이 상층부에서 나를 안내한다

렌즈는 풍성했고 안구는 건조했다
난감한 표정으로 어두운 귀를 밟고 서있는 눈
오랫동안 갇혀있던 난시의 문장들이 가늘고 긴 다리를 건너온다
눈眼길에도 수많은 골목이 있어
곡선을 달리는 바람은 제어를 놓치곤 한다
먼 곳의 것들이 먼저 들어오고 가까운 것들 창 밖에 몰려있는
읽혀지지 않는 원근의 페이지들
콧등에 전망 좋은 두 개의 창
몸을 나간 바람이 종일 돌아오지 않는다

지구본을 닮은 여자가 유리창을 읽고 유리창을 넘긴다
세계는 지금, 그녀의 귀에서 눈까지의 거리로 압축되는 중

김 문 2016년 《시와표현》으로 등단.

그림자 외 2편

김 선

거푸집을 뜯어내는 순간
비로소 너는 나와 하나가 된다
딱지를 떼고 난 후 더 큰 상처로 덧난다
마감 시간 임박하여 들른 파리바게트에서
하나밖에 없는 빵을 가지지만
네가 다 차지하고 난 다음이다

너를 떼어내고 싶은 날에도
가장 깊고 어두운 곳에서 버리고 싶은
나와 함께 골목길 끝까지 걸어간다

양 날개의 가면이 교차할 때마다
나는 너를 더욱 세차게 짓밟는다
더 깊숙한 곳에 너를 가두고 문을 닫는다
턱밑까지 어둠이 스멀거리며 기어오르면
너와의 비대칭의 고리를 끊고 싶다

문득, 산더미처럼 쌓여 있는 교정지 속으로
검은 그림자 하나 앞서서 달려가는 것을 본다

밤새 끝내고야 말겠다는 듯 펜을 고른다
얼룩진 천장이 새벽녘까지 눈 비비고 있는
흰 물빛의 그림자와 하나가 되고서야 안다
네가 나를 일으켜 주는 힘이라는 것을
내가 나를 버릴 때
비로소 너와 뜨겁게 포옹할 수 있다

한 끼의 식사

눈썹을 초승달만큼 그리다 말고 출근을 서두른다
밤새 술병 든 사연들이 아직 허공을 맴도는
가리봉역 광장에서 아침 식사를 하는 비둘기 두 마리
누구의 눈치도 보지 않는다
허기라는 이름으로 부끄러움을 감춘다
누군가 버려놓은 나쁜 습관들
더벅머리처럼 늘어져 버려진 욕설들
그들은 이런 식사에 더 이상 놀라지도 않는다
먹어도 먹어도 배부르지 않는
그 밥상이 나를 빤히 쳐다본다
손바닥만 한 밥상에서 막 겸상을 끝낸 햇볕 무리가
행인들과 함께 지하도로 몸을 감추는 사이
느릿느릿 건너오는 불안한 시선
신호등 초록 숫자가 바뀔 때마다 잠깐씩 마주쳤으나
여전히 건너지 못한 채 아스팔트 위에서
반 토막 난 눈썹을 그리며 끼니를 때운다
제대로 그리지 못한 눈썹을 닮은
비둘기들의 가난한 식사 같은
내가 교정을 보며 버린 활자들,
나는 활자들을 엮어 언어의 집을 만든다
작고 비틀거리는 생각들이 그 집에 들어선다
쓸모없다고 버린 활자와 책들도
다른 누군가에게는 한 끼의 밥이 될 것이다

새의 물결무늬

십일월 새들이 저녁 한 끼를 위해 가는 길이 멀다
검붉은 저녁놀은 길 잃은 새의 무리가
지친 몸을 두었다 간 흔적이다
새들이 잃어버린 좌표를 간직한 별들이
아직 존재를 드러낼 수 없는 시간
목어의 등에 입혀진 빗살무늬가
새들이 잃어버린 길을 가리키고 있다
젖은 날개 꺾어
처마 밑에 부리고 가던 새들이
풍경 속에 겹겹이 물결무늬를 새겨 넣었을 것이다
그만 무릎을 접고 싶을 때마다
잠들지 말라는 이정표다
가시들 도사린 까만 밤의 깊은 곳까지
분명하게 보여 주고 있다, 하늘에도 남겨 놓고
바위에도 보이지 않게 새겨있다
그 저녁, 지친 몸을 끌고 찾은 선술집에서
하루 노동을 씻어내는 막걸리잔에도
옮겨진 물결무늬가 출렁이는 걸 본다
시간을 끌고 가는 길은
거저 주어지는 것이 아니다
팔뼈 어긋나도록 금 그어가는 노동의 수고로움만큼 열린다
서두르지 말고 달디단 파장을 나누며 가라고

새들의 물결무늬가 내려앉은 것이다
길을 다시 찾은 새들이
길 없는 길에 무늬를 새로 새기는 중이다

김 선 2013년 《시와문화》 등단. 시집 『눈뜨는 달력』 있음. 제3회 송수권시문학상 젊은시인상 수상. 한국작가회의, 민족문학연구회 회원.

공정한 무대 외 2편

김 순 옥

홍성 문화가 있는 날
바리톤으로 무대를 여는 아버지
뒤따라오는 아들의 테너
강당을 채우기 시작한다

테너가 흩어지면
바닥에서 받쳐주는 바리톤
손에 땀을 쥐고
무대를 향해 집중된 관객의 눈동자

자기에게로 쏠린 눈동자들로
테너의 목소리가 빳빳해졌다

관객들이 힘내라고 박수를 친다
테너는 목소리를 둥글게 말아 올린다

보이지 않는 것은 장애가 아니라고
테너는 끝없이 끝없이 올라간다

아버지 그동안 고생 많았다고
폭포 한 무더기 쏟아낸다
관객과 하나가 된다

남당리

시뻘건 태양을 한아름 끌어안은 바다는
한참을 숨을 멈추었다가
하얀 거품을 긴 숨으로 뿜어낸다

수조에 갇힌 바지락
바닥을 더듬고 있다
갯벌 찾아가려고 부리를 내밀고 있다

갯벌에 묻혀 살아온 기억
등에 지고 있는 짐
벗어 놓고
밖으로 나가는 길을 만들고 있다
아무리 길을 내도 벗어날 수 없는 수조 안

부리를 내밀어 짐을 벗는다
온몸을 바닥에 붙이는 것은
날개를 펴기 위한 준비 자세다

바가지 손에 들고 온 주인장
바지락을 들어 올린다

너는 누구냐

같은 민족에게 총을 겨누고,
총을 발사해 생명을 앗아간
1980년 과거의 시간들

누구 하나 책임을 지는 자 없다

그 깊은 바닷물에서 나오지 못한
꽃다운 나이에 수장된 아까운 목숨
아직 제대로 된 사과조차 받아내지 못했는데

또 참사다
차가운 바닥에서
숨 막혀 죽은 아까운 목숨들
또 생겼다

총을 겨누고 쏘아야 학살인가
제발 도와달라고
위험하다고
저러다 큰일 날 것 같다고
아무리 호소해도 모른 척한 자들

학살자이다

눈시울이 뜨거워진다
수많은 꽃봉오리들 무참히 꺾이는 동안
우리는 무엇을 한 것인가

저 못다 핀 꽃송이들
어찌 해야 하나

먹먹한 가슴속으로
무거운 돌이 박혀 있다
한 걸음도 옮길 수 없다

김순옥 1999년 '물앙금' 동인으로 작품활동 시작. 2021년 《시와문화》 등단. 시집 『겨울 히야신스』 있음. so0341@hanmail.net

둥근 지붕에 관하여 외 2편

김 영 숙

골목 어귀
아이들이 우산을 펴놓고
소꿉놀이를 하고 있다

아른거리는 기억을 따라가니
텐트 안에서
어린 내가 곤히 잠들어 있다

엄마의 둥근 품에 안긴 듯
아늑함에 젖어든다

가을걷이가 끝난 들녘엔
둥글게 쌓은
볏짚단이 편안하다

반구형 비닐하우스 안
둥글넓적한 호박이
태양을 닮아 환하다

매양 사각의 모서리에 걸리는 나
편안하게 쉼을 주는 유선형
둥그런 텐트 한 채가 그립다

재개발되는 그곳에서

고층건물 사이사이
을지로 좁은 골목길
신계 공업사

낡은 양철문 안으로 들어섰다
작은아버지 환한 웃음이
기름투성이 손으로 건네주는 요구르트
그 달콤한 뒤로
한 줄 바람 속으로 사라져 가야 할
그곳의 슬픔이 파르르 떨고 있었다

어느 새 땅거미가 내리고
낯선 풍광이 밀려왔다
현란한 네온사인 아래 호프집, 카페
내일은 이 자리를 지켜내지 못할지라도
오늘의 시간을 정지시켜 놓은 듯
어제의 기억 속에서 시끌벅적하다

창가에 웅송그린 고양이 한 마리
몸에 감은 불빛으로 저녁을 늘이며
변해가는 을지로의 얼굴을
휑한 눈으로 망연자실 바라보았다

나도 따뜻한 눈빛 하나 그곳에 남겨두고
굴품한 세월 속으로 휘적휘적 걸어 들어갔다

멈춤 그리고 임피역

하얀 눈썹에 매달린 새벽잠을 털며
바리바리 짐 더미를 하역하던
구슬땀들의 애환

코피 루왁보다도 향기로웠던
가난한 연인들의 사랑이

등하굣길의 웃음소리가
이제는 모두 사라졌다

갖가지 삶들을 실어 나르던 열차의
묵묵한 기억을
낡은 이정표가 전해주고 있다

오랜 세월 승강장 길목을 지키는
은행나무 두 그루
텅 빈 역사를 떠나지 않고
웃고 울던 얼굴들 잊지 못해
노랗게 물들여 가고 있다

열차가 더 이상 멈추지 않아도
매양 지나가는 기적 소리 따라가며

마지막 이별을 추억하고 있다

*현재 폐역된 군산시 간이역

김영숙 2018년 《시와문화》로 등단, 시집 『완전한 이별』이 있음. '한국문인협회', '심상문학회' 회원.
asrsh@hanmail.net

모월모일某月某日 외 2편

김 은 옥

바다 같은 마음이다
오리무중을 끌어다 놓으니 낮꽃을 알 수 없다
해풍과 모래가 종일 멍 때리다가
눈보라 꽃가루 속에 곧잘 해안선을 숨겨놓는 무인도 품은 이름이다
속마음을 보여주지 않는다
가만히 들여다보면 물고기보다 깊은 호흡 속에 혀 짧은 소리 가득하다
하늘인줄 알고 찾아들던 수많은 행성들이 끝 간 데 없이 펼쳐진 망망대해를 유영하다가
아무달이고 아무 날이고 하늘로 돌아간 행성들과
어디선가 돌아온 행성끼리 새끼를 낳고 또 낳아서 하늘이 새순 천지다
때가 되면 꿋꿋하게 약동하는 봄 물결처럼

오리무중이 눈보라 꽃가루 다 날려 보낸 모내기철이 오면
절기를 헤아려가며 모월某月이 읊조려주는 유세차維歲次가
봄날 새순같이 모일某日에 다다를 것이다

좋은 꿈

입술 검은 여자다
독 오 손이다
여자가 무너진 입술로 내 팔뚝을 빨아먹는다
독 오른 입이다
독 오른 입과 손과 뇌가 문드러져 썩은 물 줄줄 흘리더니
역한 냄새 풍기는 그 여자
어디로 갔을까
녹슨 쇠 갈아내듯 치석 긁어내듯
입을 헹구었다

이빨 없는 그 여자
빨대 없는 그 여자가
거울 속에 있다
나쁜 꿈이
싱싱한 팔뚝을 찾아나선다

밤을 찾습니다

귀신 씨나락 까먹는 소리도 아름답게 편집하는 문장가처럼
어제와 내일의 두려움까지도 세탁해 주겠다고 했지만
꿈속의 꿈처럼 착각하게도 만들어 주마고

각막에 커튼을 치니 낮이 곧 밤이네요
닭장 속의 에디슨처럼 졸다가도
어떤 비밀은 민낯으로 속속 손들고 나온대요 총을 겨누지 않아도
내 두통의 젖빛 헬맷 붉게 물들여 놔요
일 년 내내 한랭인 밤이 그 기다란 검은 붓으로

일필휘지 이제 보니 이 밤은 긴 팔 휘두르는 재주밖에 없나 봅니다

내 부드러운 밤은 어디에 있나요
암막 커튼 굳게 내리고 평화로이 잠들라 애타게 쓰다듬어 주던
내 잠 속의 잠 속의 그 또 잠 속에 깊이 들어와서
나를 어루만져주던 그 밤은 어디에 계신가요

김은옥 2009년 《수필과비평》 수필, 2015년 《시와문화》 시 등단. 수필집 『고도孤島를 살다』, 시집 『안개의 저쪽』이 있음. 2022년 경기문화재단 창작지원금 받음. 《창작 21》 작가상 수상.

지하지도 외 2편

나 금 숙

시작은 항상 두렵다

서쪽 나라
아우디 공장에서 차를 뒤집어 공중에 매단 뒤로
여기서는 어깨 위에 얹고 놀던 무동이
연두빛 산길로 나비처럼 날아갔다

봄은 이번에도 강심을 재기 위해 돌을 던진다
파란 알
반점이 있는 알을 풀숲이나 창고에 낳아두고
숨어 또 산란을 기다린다

봄의 세 각도로 너를 바라본다
원하는 만큼 쉬었다 가라고
공백에다 의자를 놓아두는 밤

노동을 노동하는 이들의 우레가 빈 곳을 채운다

200 명의 사람

200 개의 봄
200 개의 비

200 개의 밤
밤은 전화수업하다
출장 온 교사
아이들은 공룡알을 보여주며 즐거워한다
지리전문가이기도 한 그는
모닝빵 굽는 냄새에 깨어난다
바람을 등지고 걷는 법을 배우려고 길을 나선다
이 고장에선 길이 하나라 잃을 염려가 없다
모든 게리맨더링이 용서되기도 하는 구역
너나 나나 녹슨 함석 빗물통을
경쾌하게 빠져나와
재빨리 오랫동안 스며 들어간다

트리하우스

뱀이 난간에 앉아 있다 가는 집

별이 내려와 잠들다 가는 집
비와 안개가 쓰다듬어 물방울이 되는 집

옷도 집도 패치를 붙여 기워 나가는 집

음악을 빛을 응시하는 집
들어오는 길도 나가는 길도 하나뿐인 집

숲이 만지고 다다르고 감싸 안고 감싸지는 집

구불구불 불안한 기호가 범람하는 집
웅크려 숨어 있다 녹색두꺼비처럼 튀어 오르는 집

주인공이 창문인 집
창문이 눈동자인 집

멀리 떨어져 있어도
도시의 거리를 바라보는 집

(* * * 해변)

즐비한 유리창들의 호리는
시선을 잡아당겨 둥글게 구부리는 집

횡단보도를 건너는 뒤뚱거리는 암탉과
시선을 맞추는 집

내가 다시 어린이가 된다면
십년쯤 날 데려가서 살고 싶은 집

우거진 푸른 나뭇가지 아래 더운 피를 눈치 채고
뚝 떨어진 진드기에 더러워진 피
다 뜯기고 싶은 집

너라는 호명

너를 위해 돈을 훔쳐봤다
너를 위해 거짓말을 해 봤다
너를 위해 죽으려고 했다
너를 위해 붉은 옷을 입어봤다
너를 위해 눈부신 흰 원피스를 입어봤다
너를 위해 분홍신을 신고
춤을 추다 추다 쓰러졌다
너를 아케이드 앞에서 네 시간 서서 기다렸다
너를 위해 하늘이 안 보이는 멀구슬 숲을 헤매어 봤다
너를 위해 제비집호텔을 예약했다
너를 위해 17시간 비행도 했다
호수가 보이는 창가에서 두 시간 이야기를 나눈 뒤,
나는 인사도 못하고 일어섰고
그대로 태평양에 빠지고 싶었다
너를 위해 백년 후 도착하는 기차를 탔다
달리다가 넘어져 피가 흘렀다
너를 위해 신학교에 들어갔다
너를 위해 녹음기 앞에서 증언했다
너를 위해 나는 헤아릴 수 없는 일을 했다
왼손잡이지만 양손으로 너를 위해
별처럼 많은 일을 더 할 수 있다
너를 위해 감금될 수도 있고

납치될 수도 있다
믹스커피만 마시고 매몰되어 한 달 살 수 있다
너를 천년 응시만 할 수 있다

너는 나
너라고 호명하면서
나를 사는 것
곧 눈썹이 희어지겠습니다

나금숙 2000년 《현대시학》으로 등단. 시집 『그 나무 아래로』, 『 레일라 바래다주기』가 있음. '현대시학회' 회장.

플라스틱 물통 외 2편

노 인 수

가던 발거음
멈추게 하는 너는 누구냐.

정원 나무에 물 주려고
수도꼭지 옆에 대기하던 플라스틱 물동이 하나

호스를 댈 수 없는 곳에 물을 가득 안고 가
베풀고는 잊혀진다.

어느 날
주둥이가 떨어져 나갔다.

하던 일을 계속했다.

어제는 손잡이가 떨어져 나갔다.

몸통을 부여잡으려니
귀퉁이 살갗들이 부서진다.

물결만 치고
이제 쓸 데가 없다.

널부러진 통 잔해

발바닥의 하중을 실어
짓밟으려는 순간

발이 멈춰진다.

차마

오늘도
뒤뜰에 머물러 있는
너를 본다.

골절

하나가 부숴진 것이다.

우주의 정합이 무너진 것이다.

신의 질서에 반역한 것이다.

한순간 너의 실수는

그건 오래 전부터 준비된 것이다.

너의 신음 소리는 우리 모두의 고통이다.

그러네

앞선 이는
기적의 산물

사느냐 죽느냔
그것이 문제로다

햄릿만 그 생각했을까

바로 너

엊저녁
천당과 지옥 사이를

삶과 죽음 사이

사다리가 몇 계단이었던고
그 그전에는 어땠는데

오늘 그대

십자가보다 많은 부활을 겪은 것뿐이지

앞선 저 분도
뒤따르는 저 분도

그 선을 넘나들지 않는 분이
어디 있겠어

그러네.

노인수 2016년 《시와문화》로 등단. '사와문화작가회' 회장.

혼잣말이 화안하다 외 2편

마 선 숙

삶의 통증들이 목을 감으면
지상에서 지하로 내려간다
훼손당한 상처들 캄캄하다

기이한 소문 지어내는 간사한 혀들
들키지 않으려고 스스로에게 면죄부 준다

혼잣말은 내 편이다
수억만 년 애인처럼 다정하다

종기처럼 외로운 사계절 얼마 남았을까
세상 오욕 삼킨 혼잣말
벼랑길 들국화처럼 화안하다
안전하게 따스하다

미황사 가는 길

나를 숨기고 싶은 날
물결따라 흘러가듯 땅끝으로 밀려간다.

해남 대로변 애기 동백꽃들
눈 뒤집어쓰고 펑펑 피어 있다

불상과 경전 싣고 가던 소 한 마리 대신
애기꽃들 붉은 얼굴로 웃는다

겨울에 꽃이 피고 겨울에 꽃이 지는 어린 생애
어른 토종동백나무도 새봄에 꽃 필 준비하는데
철부지 애기씨들 겁 없이 찬 서리와 하나되었다

솜털 보스스한 영혼이 생과 사에 초연하다

밤이면 은밀히 미황사 큰 스님 방에서 법문 들었을까
대웅전 처마 끝 풍경소리에 마음 내려 놓았나
금강경 사구게 독송하며 무심 익혔을까
진한 선홍빛 속 외로움이 절 한 채 되었으리

미황사에 닻 내린 소 한 마리 어디 갔나
소 행방 묘연하면 애기 동백에게 사는 방법 물어도 좋으리
그 길
그 아득함

주민등록증을 열면

이름이 있었다
푸르던 젊은 날에

혼인서약으로 이름에 자갈 물려
청구서 한 장 날아오지 않았다

나를 상실한 날
주민증 열어 이름 확인한다
누구 아내, 누구 엄마, 102호 아줌마 아닌 내 이름

시무룩하니 기가 죽은 주민증서
이름 불러 나를 증명하고 싶다
세상 품지 못해 불화한 이름에 햇볕 쬐어주며

흙으로 도자기 빚듯 나를 키우려고
작은 씨 뿌렸다
마음 밭에 물을 대 겨자씨 같은 작은 이름 얻었다

나를 발돋움시키리
이름을 살아있게 하리

마선숙 2013년 《시와문화》 시, 2014년 《불교문예》 소설 등단. 시집 『저녁, 십분 전 여덟시』, 소설집 『몸이 먼저 먼 곳으로 갔다』가 있음.

겨울비 외 1편

박 병 성

제국은 혁명 그 후부터
폐결핵을 앓아 온 박명薄命한 여인
히말라야 만년설에 뿌리 내린 복수초가 오히려 심상찮다
제국의 태양과 달은 바람과 구름과 햇볕에게
항상 소풍처럼 놀다 가랬는데
기름이 타들어 가는 저녁놀은
죽은피 다 쏟아낸 듯
여인의 쾌적했던 침실은 이제
한여름 잠 못 드는 날들로 되돌아오고
실외기 옆 자스민 잎에는 진딧물이 난장을 벌이고
성탄절 눈꽃의 기대는 달력 마지막 한 장에 남긴 채
몇 날 며칠 추적추적 내리는 겨울비
뭉크의 '절규' 속에
병색 짙은 여인의 눈엔 검은 눈물이 흐르고
각혈한 핏빛으로 저물어가는 석양은
떠나는 강물에 자꾸 흔들리는데
섣달그믐 갈고리 달빛에 때 잊은
진달래와 개나리 꽃망울이 편찮다

파스를 붙이며

등이 아프다
담이 온 모양이다
내 몸에는 볼 수도 만질 수도 없는
나만의 은밀한 성역이 있다

파스를 붙이며
나의 등을 들여다봤을 아내
파스 하나 붙이지 못하는 나만의 성역에서
남편의 감춰진 배면을 알아버렸을까

세월이 두려워 결린 등짝을 들킨 듯
식은땀이 흐른다

싸라기눈이 추적추적 내리는 날
가족의 등짝은 여전히 따숩기만 한데

새벽 베란다에서 담배 연기 깊게 마시던
아버지의 좁아 보였던 등에서도
이렇게 식은땀이 흘렀을까

신혼 어느 날
동트기 전 주방 후미진 곳에서

들썩이던 새댁 아내의 동그란 등에서는
받기만 했던 친정엄마의 밥상이
감춰둔 추회追悔와 그리움으로 저미어있었던 것일까

파스 하나로는 어차피 나을 수 없는
숨겨진 배면은 아직도 저리고 아프지만
그러나 나는 안심한다

나 아직도 아버지의 뒷모습을 연민하듯
세월에 쫓기는 가장의
등짝의 쓸쓸함을 알아채고도
지금껏 아내의 밥상에는
손 많이 가는 남편에의 연민이 남아 있음에

매미는 눈물이 있는가

땅속 벌레가 벗은 7년 생애의 허물이
길어야 스무날 살 매미의 몸보다 가볍다니

그래서 누군가 보듬고 울고 싶었던 것이다

스무 날 삶의 무게가
7년 어둠의 생애보다 무거워 우는 것이다

메타세콰이어 우듬지에는 못 오르고
머잖아 귀뚜라미 소리에 얹혀 노을빛으로 익어갈
벚나무 둥치 보듬고 우는 까닭은

해마다 웃음소리로 피어나는
벚꽃나무 껍질 속 부드러운 살결에다 삶의 흔적 남기고
짧은 스무날이 그래서 가장 행복했노라
소리 소리치는 것이다

허물을 벗으면서 죽을 날이 머잖다는 걸 아는 매미는
소리 내어 울어대지만
흘릴 눈물도 없어 소리 소리치는 것이다

박병성 2015년 《농민문학》으로 등단. 시집 『사라져간 붉은 꽃잎들』 있음.

혹 외 2편

배 정 빈

찌그러진 혹
어떤 인간의 짐짝에 눌려 그리 부조화로 자랐을까?
사하라로 가는 꿈을 꿀 때면 무작정
너는 모래 바람 헤쳐 앞으로 나가는 눈썹 밑에 굳은 기름 칠 한다
뜨거운 바람은 길 앞으로 일어서고 내 이마를 타고 올라와 거꾸로 가는 풍경을 보낸다
노란 눈동자 앞선 놈의 뒷다리 흔들거리는 장단 너머
멀리서 성큼 다가오는 아지랑이
하늘을 토막내는 모래 폭풍은 앙상한 다리에게 가속도를 처방한다
나의 짐 모래 씹히는 입 속의 재갈과
푸른 오아시스 달콤한 야자 열매가 머리 끝에서 충돌한다
너의 팽팽한 후각은 서두른다
탱탱한 혹의 긴장을 찾아 지하로 흐르는 강의 혈관을 황급히 들여다본다
물 한 모금 없이 달리는 야생의 질주는
먼 곳을 눈앞으로 당기는 아른거리는 지도, 반복하여
목덜미 혈관에 새긴다
너는 사막의 뜨거움 통째로 삼키는 호수의 잔상도
모래 폭풍 위로 미끄러져 달려오는 물의 유혹도
견디고

오직 천천히 걷는 자

필요한 것은 열나는 포트
혹 속의 기름을 짜서 목을 적시는 전기 줄
한 줌의 콧김
한 꺼플의 잠

전 재산인 등짐을 버릴까 의심하는 백회혈의 경계선
신기루에 쫓긴 목마른 언덕 아지랑이가 삼킨
허기 가득한 모래 산에 잠겨
너는 나에게, 나는 중천에 묶어 논 태양도 모두 너에게 맡겨야 한다
스스로 낙타 배 그늘에 묶여 거꾸로 가는 나도
혹이 작아져도
물 한 모금 없이 열 나흘을 걷는
뜨거운 태양을 직시하며 걷는 자
너의 단단한 혹의 의지 아무도 꺽지 못한다
낙타의 쌍봉에 해가 기울고 별도 없는 추운 밤이 사막의 모래 바닥 위로 올라오면
혹이 만든 심장
너와 나 나란히 엉기어
가슴으로 껴안는 털 이불 온기가 따뜻하다

꿈 속처럼
먼 흑점에서 출발한 도시의 불빛이 점점 커진다

구름과 새

파도가 깊이 잠든 바다를 깨우고 더러운 강물에 몸서리친다
흰머리 오목눈이 뱁새가 떼로 날아 가까운 하늘 구름을 쫀다
아침이 주춤거리는 햇빛 새로 오는 사이
부지런한 구름의 입술을 훔친 새가 자태를 감춘다
봄의 목구멍으로 기어 나온 녹색 풀잎이 왼팔을 들어올린다
좌파와 우파로 갈린 잡초 무리가 다리는 하나
쳐다보아도 좌로도 우로도 갈 수 없다
파란 하늘에 물든 구름이
해가 기울며 색칠한 붉은 구름을 나무란다
어두워지는 성층권이 눈에 보이지 않는 초미세먼지 나쁨을 예보한다
내 피 속에 흐르는 구름과 새의 발톱이 꽁지를 내린다

콩인 줄 알고
한 번은 붉은 알약을 맛있게 먹었다
한 번은 푸른 알약을 맛있게 먹었다
모두 인간들의 청산이 소량 들어 있었다
죽은 새의 머리는 놀랍게도 지구의 자장을 읽는다
오래도록 극약 처방을 받은 물고기를 막 삼킨 철모르는 새
화려한 플라스틱 먹이
불길한 유혹은 속셈 없이 뒷발질한다
단체로 지구를 떠날 뿐이다
새 대가리로는 구름의 색깔을 이해할 수 없다 그저 날개를 편다

새 대가리
새 대가리들

새들에게 내일의 날씨를 묻는 뭉게뭉게 양떼 구름
몇 조각 뭉친 비늘을 털고 간간이 굴러 다닌다
씨앗을 삼킨 뱁새가 구름 속으로 하얗게 날아오른다

모후산* 초겨울 억새

직립하는 것은 야생의 본능
바람이 흔들어도 너의 뿌리는 중심을 잡는다
땅속 얼음의 두께를 뚫고 보폭을 넓히기 시작한다

칼 바람 앞에 숨죽인 강은 가슴부터 얼어붙는다
자갈 드러난 갯벌이 팔을 여럿 벌리고 산마루 녹음 짙은 여름의 잔상을 지운다
물살은 여기 저기 솟은 언덕에 살얼음으로 부서지고
언덕은 강물의 기억을 내 뱉는다
눈길만 마주쳐도 살갗 베이는 손가락들
들과 산을 흔드는 깃발들
안개가 바람꽃으로 피어올라
모두 일어서자는 사발통문 사방으로 띄운다
겨울, 문 틈으로
등을 맞대고
휘두르는 바람은 거칠어
푸서리 땅 붉은 세파 모래알 발 앞에 소복하게 쌓인다

홀로 서는 것은 서로의 등 지켜주는 힘줄
사랑으로 추운 바람을 버틴다
유마사 불 태운 이 땅의 기억
모두 잊어라 춤을 춘다

겨울의 중심에 뿌리 깊이 박고
실핏줄 돋는 어깨는 어깨끼리 부딪히고
언덕을 오른다
무너진 참호를 넘어
은백색 날개를 편 손 마주 잡는다

너는
집집마다 한날 한시에 밝히는 오래된 촛불
피 흘리는 빈혈의 톱니 바퀴에 잘리어도
우뚝 서서 서로가 서로를 붙잡고 있다

꺾이지 않는 바람이 된다

*화순 모후산(918m)은 기암괴석과 가파른 등성이, 깊은 계곡이 어우러져 있다. 6·25 당시 빨치산 남부군 전남도당이 유마사에 은거하면서 모후산, 백아산을 주무대로 활동하기도 했다.

배정빈 2022년 《시와문화》로 등단. 한국작가회의 통일문학위원회 부위원장.

포토존 외 2편

백 애 송

남의 무덤 앞에서 포즈를 취한다

많은 풍경 뒤로 하고 무덤 앞이라니

어떤 업보를 지었길래
무거운 돌로 생을 누르고 있는지
의미 없는 글자들이 어깨를 짓누른다

돌이 무거워서가 아니다
감당할 수 없는 글자들 때문이다

남들이 누리지 못한 것들
한평생 독식한 죄

가야 할 길이 멀지만

바닥과 돌의 틈
이제 갓 숨구멍 틔우는
아직 마르지 않는 푸른 잎이

발길을 놔주지 않았다
오래오래

오늘의 책

서가에 꽂혀 있는
그녀를 읽는다

속내를 잘 보여주지 않는 그녀는
한 걸음 뒤에 있다

행간과 자간에 감추어진
마음과 마음

읽을 수 있다는 생각은
착각이었다

우리는 통하지 않았다

올 것이라는 말을
오지 않을 것이라고 생각했다

오겠다고, 했지만
오라고, 했다

자꾸 나가려는 마음은 유예되었고
단절된 대화는 부재를 만들었다

세상은 아직도 온통 모르는 것들 투성이
읽어야 할 책들이 많다

더디게 아주 더디게 오는 그녀들

오늘의 책, 그녀를 읽는다

약육강식

한쪽 눈이 튀어 나온 램프아이
동료들에게 따돌림당할까 싶어
다른 어항으로 이주시켰다

남미 복어 두 마리가 들어있던 어항은
램프아이가 들어오자
들썩이기 시작한다

그들에게만 보이는 물속 길 따라
자연스럽게
당연하다는 듯
흐르는 적자생존

복어는 온전하지 못한 램프아이 꼬리를 쫓는다
자신의 영역에
함부로 들어온 것에 항의라도 하듯

급기야 꼬리 한 점 뜯어먹더니
지느러미까지 베어먹은 남미 복어

반쪽 꼬리로 도망치면서도
살기 위해 필사적으로

물 속을 유영하던 램프아이

눈 뜨고 코 베이고 말았다

살라고 옮겨준 곳에서
산 채로 죽음을 맞이한 순간

백애송 2016년 《시와문화》 시, 《시와시학》 평론 당선으로 등단. 시집 『우리는 어쩌다 어딘가에서 마주치더라도』, 비평집 『트렌드 포에트리, 틈의계보학』, 연구서 『이성부 시에 나타난 공간 인식』이 있음. 2021년 《시와문화》 젊은시인상 수상.

멸치 외 2편

송 현 주

자유를 앗아간 파렴치한 인류를 고발한다 고발장은 자연의 허락 없이 무작정 어장에 침입해 마구잡이로 멸치를 유기한 사실이다 미처 저항할 겨를도 없이 순식간에 벌어진 일이다

멸치는 저들의 오만과 권리를 탕감해줄 겨를도 없이 그 실체가 소멸된다 응분의 대가라도 치르고 난 자처럼 비뚤어지다 못해 말라버린다 자멸은 스스로를 파괴한 자처럼 목을 뎅겅 떨어뜨린다

무심코 세상에 던져진 멸치는 찬바람이 들도록 등이 휘고 굳어진다

처음 바다와 분리되던 날, 수많은 의혹들과 함께 머리와 몸통이 분리될 거라는 사실은 미처 알지 못했다 최소한 멸치라는 존재를 알리기 위해서는 비릿한 냄새라도 풍겨야 한다

이미 굳어버린 관습 때문에 또 한 번 뜨거운 맛을 보아야 한다 '이 멸치 대가리만도 못한 인간아!' 대가리가 인간에게 구속되었다고 해서 결코 인간으로 환생할 리는 마무하기에 멸치는 더 환멸을 느낀다

한번 바다를 떠나온 이상 물고기는 아니다 잘 우러나고 감칠맛 나는 멸치라야 칭송을 받는다 차라리 눈이 멀어 다행인지도 모른다

기억의 재구성

잊혀진 기억을 추정해 낸다
기억을 다시 기억하는 일이다
억압으로 고립된 곳에 선악이 공존했다
기억의 경로에 접근하게 된 긴 악몽들
모든 존재와 사물은 공동체 의식에서
텅 비워지고 말았다
플래시백 장면에 나타난 기억은 일치했다
감정 따위는 얽히고설키어 탐색되어 왔다
수치심이 꿈속 어딘가에서 헤엄치고 있다
책임감이 부재되어 해명을 서슴지 않는다
명백한 원칙이 기억과 상관 없이 돌출되었다
증언과 회상이 기억으로 통찰된다
마땅히 나누어야 할 고통이 결여되었다
부디, 증언이 물음으로 수렴되지 않기를
외상들에 대한 죄책감이 납득되도록
수많은 증상들이 반응할 수 있게
기억이 온전히 재구성하기까지
증언이 둔감해지지 않기를

착지

지상에 착지되었다
사회적 체험이라는 공간으로,
언어와 동물이 사는 만물의 영장으로,
지상의 존재들과 일정한 간격 사이로
한순간 불안전하게 드넓은 공간으로 떨어졌다
불안한 착지는 노면이 고르지 못해서가 아니라
어딘가에 매달려 있었기 때문이다
결국 어느 한쪽으로 쏠리거나 넘어진다
무엇도 관조할 수 없는 일을 맛보고 있다
착지는 현실 세계로 스며드는 일이다
무한한 경쟁 속으로 던져지는 일이다
착지는 어딘가에 이른다는 것이다
이른다는 것은 서로 닿는다는 것
결국 진심이 닿는다는 것이다

송현주 2018년 《시와문화》로 등단.

질문 외 2편

오 선 덕

뭉개진 초점 너머의 세상은 습자지 위, 한 점 먹물처럼 번져간다

오늘을 만든 어제와 어제가 만든 오늘과 아직 당도하지 않은 내일은 허공에 떠 있는 무수한 말의 유희들

낯설음이 지나간 자리를 채워가는 건 익숙해진다는 것
같은 얼굴로 찾아오는 오늘을 매일 다른 얼굴로 맞이한다

점점 높아지는 계절의 문턱, 푸른 계절은 차고 쓸쓸한 그 문턱을 넘지 못한 채 흩어진다

꿈속에서는 하고 싶은 말들이 줄줄이 쏟아지고 어제의 꿈이 오늘처럼 느껴질 때 그날은 어제일까 오늘일까

허기진 질문의 대답은 언제나 내일이고

예측 불허

창문이 옆으로 누워있다 세울 방법을 고민한다
감은 실눈 사이로 유리창이 잘게 부서진다 깨진 유리 조각 위로 윤슬처럼 햇살이 쏟아진다

손수레를 끌고 어디론가 가고 있다
짐칸에는 깨진 유리와 생각이 많은 책과 할 말 많은 종이들이 입을 벌린 채 널브러져 있다

우리는 어디로 가나요? 누가 묻지? 어디로 가지?

고민을 상담합니다, 투자 기법 무료로 제공합니다, 이번에는 바꿔봅시다 스팸은 고민할 것 없이 휴지통으로 보낸다 내일이면 또 불쑥 찾아올 것이다

근데 당신은 어디로 가고 있나요? 나도 모르지, 여기가 어딘지도 모르는데

내방이 창밖보다 더 어두워질 때쯤이면 그건 아침일까 밤일까

정말 나는 어디에 있지, 가만히 누워있어도 소란스러운 시트, 머리맡에는 읽다 만 책들이 쌓여있고 절반의 책들은 이 세상에 없는 자들이 지어낸 것과 허공에 구름처럼 떠 있는 자들의 것

아침을 길어 올리는 두레박 속을 빠져나오지 못해 허우적대는데 어떤 이는 깊은 잠에서 깨어나지 못하고 어떤 이는 이제 막 깨지 못할 잠에 들려고 한다

소나기

흙빛으로 변한 구름이 빠르게 달려왔다

마른 나무의 뿌리는 신경을 곤두세웠고 어두워진 집들은 불을 밝혔다 한낮이었다

집 없는 개와 고양이는 피할 곳을 찾아 어디론가 떠나갔고 잿빛 구름이 내 정수리 위에서 으르렁댈 때는 온통 암흑이었다

구름이 까맣게 탄 가슴을 찢고 울음을 쏟아낸다는 건 임계점에 도달했다는 것

낯선 처마 밑 늘어선 사람들은 하늘과 시계만 번갈아 쳐다보았다

한참 동안 쏟아진 울음이 내 발목을 타고 올라왔다 모두 떠나간 후에도 흠뻑 젖은 채 서 있었다

오선덕 2022년 《시와문화》 등단, 시집 『만약에라는 말』 있음.

샤갈의 '두 얼굴의 신부' 외 2편

윤 세 민

샤갈의 신부는 두 얼굴이다

베일 두르고 부채 쥔 오른쪽 얼굴은
두고 온 고향 러시아 비테프스크 마을을
꿈꾸듯 곁에 둔다 저 힘겨운 초승달마저도

하얀 꽃 빨간 꽃 가득 두른 왼쪽 얼굴은
새로 담아낸 프랑스 파리의 신랑을
별처럼 바라본다 가진 것을 다 버려도 좋다

고향 마을 수줍음처럼
비테프스크 젖가슴은 살짝 가리었고
유곽 도시 화려함처럼
파리의 젖가슴은 활짝 열리었다

아, 웬걸
너무 작게 그려져 채 눈치채지 못한
화면 하단에 악사가 곡예사가 거기에 염소까지
샤갈 특유의 미소를 보낸다

샤갈의 본적지는
러시아 평원에 솟은 불룩한 젖가슴
프랑스 파리의 하얀 드레스가 아닌
해체된 서커스 극장

그 모든 걸 받아들이는 듯
아내 벨라가 마치 샤갈의 싸인처럼
맨 끝 모퉁이를 조용히 지키고 있다

찌그러진 성냥갑처럼 망가져도
언제나 다시 일어서는 씩씩한 기둥과
깊고 푸른 눈으로 돌아오는
회귀의 바다!

샤갈은 정녕 '두 얼굴의 신부'를 사랑한다

꽃들의 겨울잠

다들 죽었느뇨
풀도 나무도
꽃도

개구리 겨울잠 자듯
보이던 모든 게
싸악 사라지고

모든 게 끝났나 했다

그러나
우린 전혀 몰랐다

찬바람 눈보라 매서울수록
옷깃 단단히 여미듯

뒤뜰 눈밭 김장독 깊은 데서
그윽이 익어가듯

까치 설날 우리 설날
눈송이 하얗게 쌓이도록
아기뺨 빨갛게 물들도록

동지섣달 긴긴밤을
누구는 하얗게
누구는 빨갛게
찬란한 소망 키울 줄을

무소유

호남정맥 조계산 품속
큰스님 많이 배출했다는
승보사찰 송광사

작은 스님 자처했던
무소유 법정 스님
한줌 빛이나마 뵙고 싶었다

대나무 삼나무 편백나무 상수리나무
줄 잇는 무소유길 걸어
불일암 지나치자

성보박물관
대웅보전
국보, 보물 가득가득

참배 불자
유희 중생
유소유만 가득하더라

그 유소유 절 아래
식당마다 산채정식

한 상 가득 두 상 가득

그나마
촌노의 세월 담은 주름과
싱그런 아줌씨 미소 담은

김치 한 조각 햇빛 한 웅큼
풋고추에 향토 생막걸리로
무소유 한뜻 마시러니

아뿔싸
내가
아직 가득가득 유소유니

과연
어디서
무소유 찾으려나

무소유
무소유
참 어렵구나

윤세민 2011년《시와문화》신인상 등단. 시인이자 문화평론가로서 주로 출판, 방송, 영화, 대중문화 등에 대한 평론을 쓰고 있다.

아버지의 쐐기접 외 2편

이 경 순

이제 첫걸음의 설렘을 본다

서로 살겠다고 발버둥을 치면
푸르른 숲이 되기 어렵단다

줄기와 줄기가 살을 맞대고
엽맥마다 물이 오를 때까지
여러 번 계절이 다녀가더라도

풍파 속에 꺾이지 말고
이름 석 자 잊지 말고
뒤돌아보지 말고

뿌리 뻗는 신열에도 고통을 다지고
단단히 붙어만 있어라

새로운 길 두려워 말고

꾹꾹 눌러 당부의 말들 거름이 되었다

초등학교 동창회

식당 벽에 현수막이 기우뚱거렸다

악수를 청하는 인사 사이로
가지런히 자리를 잡은 숟가락과 젓가락
서로가 서로를 파악 중이다

앞자리 성공한 용왕석
중간 자리 출세한 대감석
뒷자리 황태한 선비석
탁자 위 팻말들이 안내를 맡았다

운동회 날 손목에 찍힌 희미한 도장 아직도 자랑하며
명단을 들춰보는 낯선 발걸음들

고향 친구라는 향수에
만나고 싶은 옛정이
서걱서걱 모래 박히듯
빈손 빈 주머니에 구겨 넣고 숨을 고른다

그림자

온종일 적막 한 장 깔아 놓고
햇살은 바람의 붓으로
무채색 벽화를 그린다

줄기를 붙잡고 벽에 닿는 순간
활짝 활짝 열리는 꽃송이들 꽃잎도 나비가 되었다

오후 내내
멈출 줄 모르는 붓질

그리고 지우고
저물녘까지 놓지 못하는 마음
죄가 없는 하루까지 흔들어 놓는다

몸부림으로 펼쳐지는 화폭
이제 막 내려오는 노을 한 자락

붉게 붉게
향기도 빛깔도
서서히 허공으로 지워지고 있다

이경순 2018년 《시와문화》로 등단. '늘시 동인회' 회원. (사)시민안전교육센터 교육강사.

돌 맞은 듯 외 2편

이 소 율

더위와 싸우다
간신히 잠들려는 밤
모기 한 마리 윙윙
귓가를 맴돈다

방마다 불을 켜고
파리채를 들고
걸리기만 해 봐라
파리채로 콱!
모기 잡아 죽이겠다는 일념으로
뛰어다니는데 다섯 살 된 아들

"엄마 지금 뭐해요!"
모기 한 마리가…
"엄마! 모기는 피 한 방울만
빨아 먹으면 더는 안 빨아 먹어요.
피 한 방울이 그렇게 아까워요!"

자매

건
드
려
도

피를나눈 R 가지는

아
프
다

충분 조건

자전거를 타고
신나게 달리던 젊은 부부

하늘을 찌를 듯
커다란 오동나무 두 그루
꽃이 만발하여
하늘 한쪽을 덮었다

“여보 저거 무슨 꽃이야?”
“라일락이지?”
“그런 것 같네!” 하고 신나게 달린다

보랏빛이면
모두 라일락꽃으로 생각해도
신나게 사는 데는
지장支障이 없다

그것으로 충분하다

이소율 2012년 《시와문화》로 등단. 시집 『익명적 중얼거림』 있음.

봄 외 2편

임 영 화

커다란 가마솥에 누군가 풀무질을 하고 있다

누군가 장작을 엇포개 놓는다

누군가 밤을 잊는다

누군가 들썩인다

개구리도 하는 수 없이 잠에서 깬다

수만 대의 뻥튀기 기계가 군대처럼 도열해 있다

누군가 구령을 붙인다

누군가 터진다

남도 섬진강이 북상한다

누군가 윤중로다

어릴 적 골목길이 귀를 막고 내뺀다

보신탕집 만년필

한여름 어느 푹푹 찌던 날
몸보신엔 이만한 게 또 있겠냐며
친구가 하는
보신탕집에들 갔다

전골이 끓고 있는 동안
도마 위에
소복이 오른 배받이살

사장 입김인지
찔러준 촌지의 위력인지
특별 서비스라며 따로 한 접시
만년필!

서브하던 낯익은 이모가
살짝 다가와
귀에 대고
오늘밤 꾸욱꾸욱 힘 좀 쓰세요

잉크가 말라
절필한 지
한참 된 줄도 모르고

보내기 번트

어머니는 야구를 모른다
하지만 타고난 야구 선수다
주특기는 보내기 번트
1루에 가있는 아들을
진루시키기 위한 플레이는 가히 본능적이다
기어이 스코어링 포지션에 가져다 놓고
빛도 소리도 없이 아웃 된다
이제 남은 건 단 한 개의 안타
그저 멀리서 바라보며 기도만 할 뿐

어머니는 매일 보내기 번트한다
그리고 매일 죽는다

임영화 2018년 《시와문화》로 등단 송파문인협회 회원. yhy412@hanmail.net

용두암 외 2편

조 성 식

새털구름과 해무리를 몰고
숭숭 뚫린 용두암 구멍 사이로
바닷바람이 스며드는 날이면

-뼈마디가 시큰시큰한 것이 비 올랑갑다
하시던
잊혀져 가던 어머니의 목소리가 파도에 실려 온다

잘 익은 땡볕은
파도가 할퀴고 간 벌집 같은
이백 여섯 개*의 뼈들을 쪼아대며
구멍구멍 들어찬 상처를 어루만지고 있다

애월 바다를 품고 있는
용두암에게서
아이고 내 새끼 하시며 안아주시던
어머니의 그 따스함에 젖어든다

*정상 성인의 몸 전체는 206개의 뼈로 이루어져 있다.

호미

불구덩이에서
우려낸 굽은 몸이다
쪼그려 앉은 자세로
남의 밭에 풀을 진종일 찍어대는
어머니의 손끝에 살고 있는 딱따구리다

두엄간에서 쉬는 날이면
두엄 썩어가는 냄새가
어떤 향수보다
더 정겹다

어머니 손 닮아
낮은 사람들을 안으로 안으며
세상을 캐고 있는 호미

불갑산 오르며

상사화 길 사이로
뭉쳐진 피로 툭툭 털며
산 오른다

바람이 밟고 간 길 따라
나무들이 내어준 길 따라
걷다가 서다가 숨 고르다가

갈참 굴참 떡갈 신갈 졸참나무들의
가을 보시 한 톨 속에서
해 질 녘 대문 앞에서 들려왔던 목탁소리

저녁 불 지피다
보리쌀 한 바가지
스님께 드리는 굽은 등 사이로
너울은 하루의 문을 닫고 있었다

연실봉이 지친 어깨를 토닥이며 안는다

접고 접힌 갈맷빛 능선 너머
칠산바다가 어슴푸레하게 접힌다

들려온다
그 독경 소리

조성식 2017년 《시와문화》로 등단. 시집 『가련봉까지는 가야 한다』 있음. 시낭송가. 시마을낭송작가협회 회원. 광주시인협회 올해의 작품상, 서석문학 작품상 수상. 현)원광보건대학교 겸임교수.

수족관 오피스텔 외 2편

주 선 미

23층 창문에서 보이는 것은
수평선 팽팽하게 그어진 천수만이 아니다
아침 햇살 높은 지붕부터 휘감아 올리는
도시의 숲이다

제 앞만 비추는 신호등 끊겨
군데군데 상처난 길
오늘이 풀어놓은 차들 꽉 들어차
옆구리로 빠질 수도 없다

탄소 중독으로 숨 한번 쉴 수 없는
수족관 속 물고기들
제집 버리고
일제히 허공으로 입 내밀고 있다

나는 한 마리 물고기

지느러미 흔들어 도착한 곳
도시 불빛들이 둘러싸 안은 시멘트 블록 수족관

손에 잡힌 것은 신기루

오직 꼭대기로,
꼭대기로 오르면
새 세상이 보일 것 같아

바다를 떠도는 머리
낭떠러지로 떨어져 내리는 몸으로
롤러코스터를 탄다

신기루만 보이는 수족관
밖으로 길을 낸다

사랑할 용기는 숨겨져 있고
롤러코스터 끝에 다다를수록
욕망은 더욱 커져 간다

욕망의 꼭대기를 딛고
더 높은 허공으로 올라간다
비상구를 찾는다

유폐된 물고기

바짝 마른 햇살 부스럭거리는 오후

책꽂이 맨 아래 칸
시침질하지 못한 물고기
꾸러미 밖으로 길 한 가닥 열고 있다

퍼드득거리는 꼬리지느러미
유리창 밖
허공으로 툭,
튀어 오른다
파란 하늘 가르는 낭창한 허리

가장 밑바닥을 지탱하느라
햇살 한 모금 삼킬 수 없었던 겨울은
유폐의 시간 아니라
잠시 찍어둔 쉼표일 뿐이라고,

햇살 감아올려
허공을 불러들인다
지느러미 활짝 펼친다

보도블록

퇴근길 버스를 기다리다
무심코 내려다본 보도블록,
구멍이 숭숭 뚫려 있다

빗방울 흩뿌려
종종거리는 발걸음과 엉킨
저녁 시간

비를 피해 뛰어가는 사람,
버스에 올라타는 사람
버스를 놓쳐 뛰다가 멈춘 사람
하루가 축축하다

길 건너 건물 짓느라 노동의 하루를 보내고 집으로 가는 발걸음, 아들 집 현관문 기웃거리다 뒤돌아섰을 발걸음, 혹 저 발걸음 중에 교감 선생님께 결석을 밥 먹듯 했던 아들 때문에 학교에 찾아갔던 아버지 발걸음도 있을까 새벽부터 쉼 없이 동동거렸을 그들에게 아무것도 해줄 수 없는 보도블록은 그렇게 바닥이 돼 주었을 것이다.

오늘은 또 어디로 가야 하나
살아내기 위해 다지고 또 다졌을 마음들,
어디 가볍기만 했겠는가

그 마음들 받아내느라
숭숭 뚫린 가슴이 되었을 것이다

주선미 2004년 《홍주문학》, '물앙금' 동인으로 작품활동 시작. 2017년 《시와문화》 등단. 시집 『지도에 없는 방』 외 4권. 충남문화재단 창작지원금 2회 받음, 2019년 《시와문화》 젊은 시인상 수상.

엄지척 해 주세요 외 2편

한 명 환

충청도 어떤 영감탱이가
제 논만 생각하고 댐 막아
귀한 두꺼비를 수백 마리 집단폐사 시켰다네
한두 마리 약으로 쓰려 했나 했더니 그게 아니었네

교회 빙자하고 노인들 선동하여
헌법 바꾸겠다는 전 아무개 목사 사진 봐라
백주에 악마가 흰 이빨을 드러내 놓고 우리를 비웃고 있네

로마의 어느 철학자가
이성은 사령관
분노는 보병이라 했다는데,
내 혀는 요즘 맨날 보병이다
입만 벌리면
뱀과 개구리와 온갖 구더기, 날벌레 떼들이
우글우글 기어나온다
국민과 소통 안 하고
제멋대로 지껄여 훗날 감당해야 할
국민 부채만 늘려가는

저 날도둑놈
넓은 바지통으로 기어들어가 거시기
콱 -
깨무는 꿈을 꾸었다

오탁번

오탁번 선생의 『비백』飛白*을
행신종합복지관 3층 도서관에서 읽었다

유신군대에서 훈련받고 12·12사태 후
고려대 봄의 교정은
먼지만 뿌옇게 피어올랐다
고인을 만나 이야기하던 중에
외삼촌 이름도
원주 중학도 나왔다
운동 좋아했던 외삼촌은
수돗가에서 물로 배 채우던
조그만 탁번이를 괴롭혔었다
고등학교 때 '그림자'라는 말을
좋아한 적이 있었다고 했다
그러면 어둠이나 뒷골목을 좋아하느냐고 하셨다
수업 중에 오 선생은
'코털을 뽑으며'
'무등산' 같은 사생활이 적나라하게 드러나는 시를
써서 나누어 주셨다
그러고 보니
요즘 나의 신변잡기식 시들이
여기서 뿌리를 내렸었던가 보다

고단한
보따리 시간 강의하느라
제천까지 찾아뵙진 못했어도
'비백'를 읽는 것만으로도
제천에서 어떻게 살아가셨는지
선생님의 은퇴 후 생활이 보인다

"직장에선 퇴사하면 사람들도 바뀌지만
대학에선 교수들이 항상 그대로 있다네
자주 들러주게"
한 번은 들렀었는데 안 계셔서 책만 우편함에 꽂아놓고 돌아왔다
그땐 어렵고 부끄러웠다

문학이란 얼마나 천하고 하찮은 건가
권세도 돈도 심지어 명예도 잃고, 이성과도 멀어지게 한다는 걸
그런 걸 가르치는 교수도 세상에서 다독거려야 할 존재라는 걸
왜 그땐 모르고 어려워하기만 했을까

*오탁번 시집, 문학세계사, 2022.

할로윈데이

유령이 정말 있는가
귀하디귀하고 눈에 넣어도 안 아플 것 같은
꼼지락거리는 것들
보기만 해도 배부른 것들
아름다운 내 희망,
내 삶의 기둥, 당신들
꿈인가 생신가
생이별이라니

초점 없어진 눈은 한 없이 멀리
구름 낮게 드리운 하늘로만 향하고
중얼중얼 기도문만 읊조릴 뿐
넋은 할로윈 유령처럼
그대들을 따릅니다

십일월은 위령성월
모든 성인들의 승천일,
모든 성인들
북구 켈트족 동물 가면 쓰고
오늘 내일 이태원 골목길에서
헤매다가
바야흐로 당신들도

함께
오르시겠지요
거긴 경쟁도 없고 잔소리도 없고
스트레스 받을 일도 없고
쫓아다닐 축제 프로그램도 없겠죠

피워보지 못한 영혼들이시여
부디 성화되시어
저희를 굽어보시고
아직 살아남은 우리들의 빛이 되소서
무책임한 어른들
스스로 발등을 찍는 편 가르는 인간들
반성 없는 언론들
가짜 장례 치른
이 나라의 돼지 떼 악령들
깃발 들고 막말하는
부끄럼 없는 이들
부디 용서 베푸시어
당신들이 그렇듯
고난을 통해 참자유를 깨닫게 하소서
이 땅 정화하소서

한명환 1992년 《시와사회》 평론, 2010년 《시와 문화》 신인상 수상. 시집 『수단의 아이스크림』이 있음. 《시와문화》 편집자문위원,

열정을 익힌다 외 2편

황 지 영

설익은 아침 열시
꿈은 아직 출근하지 못하고
설거지와 세탁기로 씻을수록
더 선명하게 보인다.

남편따라 출근해버린
맥빠진 일상은
설익은 삼층밥이다.

달리던 버스 놓치지 않으려고
뛰던 여자의 구두 뒤축 소리로
압력밥솥은 언제 터질지
예측할 수 없는 휴화산이다.

묶은 아픔을 안으로 꾹꾹 눌러담아
뜨겁게 익혀 적당히 뜸들여
맛있게 지어낸 박완서표밥은
그녀가 떠난 후에도 아직 따뜻하다.

들끓던 여름 어깨 다독이며 떠나보내고
한김 빼고 적당히 뜸들인 후에야
고소하게 침 돌게 하는 향기가 나올 텐데

바다를 삼키던 태양은 아직도
한 김을 빼지 못하고
속으로 타오르고 있다.

안으로 꾹꾹 담아둔 어둠도
밤새 익히면 빨간 눈 비비며
새벽별로 맑게 떠오를까

뜸을 들이는 새벽
별빛이 뜨겁다.

입춘

선인장가시 하나 같은 빛도 내 어둠에 박힐 수 없을 때
이적지 나를 비추던 빛은 내 눈을 찔렀다.

목구멍을 넘어가는 밥알이 자갈 소리를 내자
바위는 가슴을 눌러 슬픈 오이지를 담았다.

신경 끝에 가위를 부착하고
혈관 속 피는 유리 가루가 되어 흘렀다.

그때서야
누구도 나에게 준 적 없던
연꽃이 나의 손에 들려지고
나의 혀는 잘려져 장독에 담겨졌다.

미소는 큰 소가 되어
열 가지 이야기를 말했다지만
귓구멍도 어둠에 막혀
듣도 보도 말하지도 못한다.

대동강물이 풀린 봄날
나는 까맣게 타버린 먹가슴을
강물에 흔들어 빨고 있다.

강조차도 어둠에 물들어 버리자
별이 찾아들었다.
달도 얼굴을 내밀었다.

나도 꽃을 세우고 미소 지어 주고 싶다.

주름살

하얀 쪽배의 계수나무에
꽉 머리를 묶고
목 밑에는 날카로운 칼을
세우고 밤새 앉은 산

어둠을 견디어낸 새벽 별빛이
노승의 먹빛 눈동자에 내려앉는다.

여명 속에 원근감으로
밝아오는 지리산의 청정 새벽

가부좌하고 앉은 노승의 이마에
산 능선이 첩첩이 드러난다.

황지영 2012년 《시와문화》로 등단. 2020년 eBook 시집 『스무 살의 노래 : 떠나는 사람을 붙잡지 못해 아픈 그대를 위해』 출간.

■수필

한남동에서

김 충 선

버스를 타고 충무로 쪽에서 남산 1호 터널을 통과하다 나오면 정면 건물 벽에

"봄이 너에게 묻는다. 너는 이 봄에 무슨 꽃을 피울거야?"라는 노랑 바탕색 문양에 파란 글귀가 보인다. 내게 묻는 것 같다. 반복되는 일상에서 벗어나 뭔가를 도발하라고 부추기는 것 같기도 하다. 봄이 새삼 흠뻑 스며든다. 슬쩍 왼쪽으로 돌아서 고가도로로 내려가면 한남대교와 강남, 경부고속도로도 연결한다. 한남동은 한때 왕복 12차선으로 남녁으로 향한 질주의 스타트선이었다. 나의 한남동은 노마드 시대 1년 넘게 삶을 증폭시킨 시간이었다. 한남동과 인연으로 오며가며 느낀 것은 권위주의 시대에 마주했던 권위적인 구조물이 줄줄이 있다. 역사의 비루한 장면을 목격한다는 것은 보는 사람들에게 고통이지만 또한 무한 책임을 느끼게 한다. 서울의 마지막 퇴적물인 한남동은 과거 잘 나갔던 시절에 대한 아쉬움에 발버둥치지만 여전히 오늘도 건재하다. 이곳에는 고가도로 3개, 육교가 3개가 있다. 머무르기보다는 지나다니는 곳이다. 자동차보다 사람을 중요하게 생각하여 시내 300여 개의 구조물을 철거하고 사람 중심의 시대를 열었으나 이곳만은 지금도 구조적으로 회색

구조물이 필요한가 보다.

이곳은 이태원과 연결되어 미군부대의 잔재가 지금도 있다.

지금은 미군들이 쓰던 아파트가 철거되고 몇 년 동안 빈 땅으로 방치되어 있다가 최근에 사천 평 정도에서 폐기물을 정리하고 있다. 남산에 있던 외국인 아파트를 삼십 년 전에 철거했지만 알 수 없는 이곳의 한 동은 지금도 건재한다. 남산을 등지고 치외법권 지역처럼 동네를 내려다보고 있다. 이 동네에는 외국 대사관이 수십 개가 있다. 대학은 이 지형에 부대끼며 못 견뎌 이사를 간 것인가? 단국대학이 있던 자리에는 고급 주택이 들어섰으며 고급 부동산 대열의 강남북에 양다리를 걸치는 형국이다.

요즈음 이곳에 시대의 퇴적물인 구조물과 같이 생명을 잃은 이상한 일이 벌어진다.

관저가 와서 날마다 VIP 출근길 현상이다.

꼬마들의 유치한 골목대장 노릇처럼 상석에서 할 것은 다 해보고 누릴 것은 다 누리겠다란 심보가 보인다.

"행사가 몇 시에 있습니다."

사복, 정복 경찰이 대통령 경호경비를 '행사'란 은어로 말한다.

터놓고 '대통령 행차'라고 하면 어떨까?

행사 전에 경찰버스가 띄엄띄엄 거리를 두고 소품과 함께 경찰관을 내려주고 지나간다. 차에서 내린 경찰관은 도로상의 주차나 주변 정비를 하고 위험요소 현장은 협조를 얻어 폐문하거나 차량 조절에 철저히 하여 교통량 흐름을 조절한다. 대통령이 지나가기 3분 전이면 경찰들 행동이 민첩하게 움직이며 만전을 기한다. 경위들이 운전하는 BMW 싸이카 여러 대가 반짝거리며 선두를 달린다. 그 뒤 경찰차가 따라가고 경호원 차량 양쪽에 2대가 애호하며 3대의 벤츠 차량이 달린다. 그리고 경호원 차량 2대가 뒤따라가고 검은 색 차량 몇 대가 뒤를 잇고 경찰차는 맨 뒤에 따라간다. 코스는 대통령이 관저에서 나오면 우회전하여 1호 터널 밑 삼거리 이태원 가는 방향에서 유턴하여 다시 한남오거리에서 우회전하여 한남역 쪽으로 돌아간다. 한 주에 2~3회는 꼭 이 코스로 간다. 몇 개의 출근길이 있으며 당일 방향은 그때그때 달라진다. 경호 경비에 동원된 경찰들은. 대통령이 다른 길로 가면 준비해온 '나막콘'(주차 금지판)을 치우고 겸연쩍게 끝났다고 간다.

다 좋다. 이해한다.

그러나 대통령도 공직자 윤리는 지켰으면 한다.

모든 국가기관이나 기업 그리고 소기업, 노동자 모든 사람이 출근 시간 엄수는 철칙이고 상식이다. 헐떡이며 5분 후에 뛰어오는 사람, 10분 전 출근한 사람, 한 시간 전에 출근하여 창문을 열어 환기하고 당일 업무를 살피고 준비한 사람도 있다. 흔히들 출근 시간을 정확히 지키는 사람을 좋게 보는 시각이 있는데 분석해 보면 그렇지 않다. 정확한 시간에 맞춰 출근하는 사람은 공동체에선 모범이 될 수 없다. 학교에서도 아이들이 칼출근, 칼퇴근하는 선생님을 '양날의 칼'이라고 부른다 하지 않는가? 구성원으로부터 모범이 되기는 턱없이 부족하다.

조직의 장은 출근 시간과 퇴근 시간만 자리를 지켜도 기본은 한다. 그러나 1시간이나 2시간 전에 출근하려는 헌신적인 자세가 필요하다. 조직의 장이 모범을 보이면 구성원들도 받아들여 권위가 생긴다. 다음날

한남동 근처에서 일하다 보니, 허구헌날 8시 30분경에 경비 경찰이 와서 행사 시간대를 알린다. 그리고 3~40분 후에 싸이카 행렬과 검은 차의 출근 행렬이 지나간다.

용산 대통령실까지는 언제나 9시가 훨씬 넘을 시간이다. 나라의 책임자인 대통령이 한두 시간 전에 출근해서 아랫사람들 기강을 잡지는 못할 망정 자신이 지각을 일삼는 데 말문이 막힌다. 최근 미국 국빈 방문 후 귀국하여 다음날 출근은 10시 넘어서 통과했다. 그 다음날도 9시 반이 넘었다. 지금의 대통령 지지자들은 시민들 출근 시간을 피한 배려란 말을 한다.

궁색한 변명이다.

지금이 "거 물렀거라"를 외치는 조선시대인가?

5월 17일엔 10시경 군사경찰(헌병)이라 써진 큰 오토바이 두 대가 섰다. 처음 보는 광경이다. 군인 중 한 사람은 통신장비를 등에 메고 다른 군인은 대위로 무장을 했고, 군복 조끼에는 정보 분석조라 씌어져 있다. 군인 다섯 명과, 경감을 포함한 경찰관 다섯 명이 갑자기 몰려온다. 주변사람과 대화를 하다 나에게 다가와서 묻는다. 묻는 말이 "이 주변에서 조금전 드론을 띄웠는데 금지구역인데 혹시 보셨습니까?" 하고 묻는다. 순간 여러 생각을 하다. 적극적으로 협조했다.

곰곰이 생각하니 청와대에서 용산 이전한 후에 대한민국의 모든 것이 망가지고 엉망이라는 생각이 든다. 이곳 관저에 입주한 지 1년이 다 되어가는데 매주 한두 번 드론 띄운 것이 잡히지 않고 이제 와서 금지구역이라고 헐레벌떡 찾아와 담당자를 두 번이나 불러내고 장비를 확인하고 업무에 지장을 준다. 전형적인 뒷북치는 꼴이다.

출근 추태에 염증을 느낀 어떤 동료는 "도시락을 투척해버릴까?" 하고 농담을 한다. 이렇게 생각하는 사람이 한두 사람이 아닐 것 같다.

류근 시인은 "도대체 상식, 논리, 맥락, 그리고 자아가 없으니, 해석이 안 된다. 어떤 일이 벌어질지 예측할 수 없다."고 했다.

그리고 이면에 외로움이 있단다.

그는 자신에게 쏟아지는 것으로부터 외로움을 극복하기 위해 극우 유튜부를 보며 힐링을 했다는 것이다.

대통령 자리는 날마다 중요한 결재를 해야 하는 자리다. 한남동에서 출근하는 모습으로 판단한다면 모든 게 뒤죽박죽이다. 참으로 답답하다. 강준만은 "자신이 속한 집단에 과하게 공감하다 보면 다른 집단에 대한 공감이 부족해진다는 것이다. 선택적 과잉 공감은 비극을 초래한다"고 했다. 평생 검찰 조직 한 군데에서 일을 해서 그런지 다른 조직과의 공감대가 확실히 떨어진다. 얼마전 KBS 〈추적〉에서 보니 청와대에서 용산 관저로 이사하면서 든 비용이 대통령이 말한 4백 억대가 아니라 국방부로부터 연쇄적으로 이사하게 됨으로써 1조 원을 훨씬 넘었다고 한다. 옮긴 이유도 '국민과 소통'하기 위해서라고 했다. 그런데 지금 보니, 출퇴근마다 난리를 피우고, 치밀한 계획 없이 임시방편으로 옮긴 관저라 허술한 것이 한둘이 아니다. 검찰총장 스케일로 모든 것을 디자인한 듯하다. 출퇴근할 때마다 민폐도 이만저만이 아니다. 그리고 대통령 비방 벽보 떼다 이태원 참사 외면한 용산 구청장도 생각난다. 출퇴근 추태는 현 대통령을 끝으로 마쳐야 하지만, 그 탓에 참 못 볼 것 많이 보게 된다.

"너는 이 봄에 무슨 꽃을 피울거야?"라는 질문과 함께 시청 앞으로 역사의 현장으로 가야 한다고 나를 떠미는 것 같다.

김충선 2022년《시와문화》 수필 등단. 한국방송통신대학교 국문과 졸업.

■회원 동정

윤세민 시인, 자기 계발서 『열린 소통, 성공 대화』 출간

윤세민 시인이 자기 계발서 『열린 소통, 성공 대화』(글로벌콘텐츠, 2023년 3월 30일 발행)를 출간했다. 경인여자대학교 영상방송학과 교수로 있는 윤 시인은 전공과목 외에 교양 과목으로 〈성공하는 대화법〉, 〈소통과 스피치〉 등 20여 년 동안 '소통'과 '대화' 관련의 강의와 연구를 해온 것을 바탕으로 지난 한해 동안 정성을 기울여, 금번에 『열린 소통, 성공 대화』 저서를 완성한 것이다.

윤세민 시인은 '지자의 말'을 통해 "소통 능력과 대화 능력은 능력을 넘어 곧 그 사람의 성품이자 인격입니다. 그 사람의 과거를 바탕으로 한 오늘이자 미래를 열어주는 열쇠입니다. 제 삶의 경험 및 전공 지식과 강의 경험을 녹여낸 이 책을 통해, 진정 소통과 대화가 합치되는, 이론과 실제가 접목돼 삶에서 적절히 유용하게 활용되는, 그래서 진정한 소통과 대화를 바탕으로 우리 삶을 성공과 행복으로 인도할 수 있기를 고대합니다."라고 밝히면서, 이 책의 내용을 중심으로 '소통'과 '대화' 관련의 강연도 진행할 계획이라고 한다.

■함께 살아가는 세상

아, 미얀마 1 외

-메콩강 소년

정 도 연

미얀마와 태국, 미얀마와 라오스, 미얀마와 중국, 미얀마와 인도 국경 지대는 AI와 원시가 공존하는 원시적 약육강식 사회다. AI를 비롯한 모든 문명은 이기적이다. 자연은 공생하지만, 문명은 독점적이다.

코로나로 국경을 봉쇄한 지난 4년 사이, 미얀마 국경 타칠랙의 인구는 약 20만에서 약 40만으로 두 배가량 늘었다고 한다. 미얀마 내전을 피해 안전 지대를 찾아 이동해 오고, 중국 자본이 그 틈새를 파고들어 차이나타운을 건설하고 있었다.

급작스러운 인구 증가로 부닥친 가장 시급하고 큰 문제는 물 부족이다. 인구 40만이 사는 도시에 공공 상수도가 없다. 지하수와 쏩루악 강물, 계곡에 흐르는 물을 끌어와 사용하고 있다.

중국 카지노 회사와 호텔 업자들이 지역 정부와 상수도 문제 해결을 의논

한다는 것에 기대하지만, 그 물을 사용하면서 감수해야 할 문제는 생각지 못하고 있었다.

사람이 많아진 만큼 차도 많아지고 밤이 화려해졌다. 늦게까지 밝게 불을 밝힌 곳은 대부분 카지노이거나 카지노와 연계된 곳이라고 한다.

더 놀라운 것은 마약 환자의 급증이었다. 어떤 한 카톨릭 교회가 있는 마을은 신부부터 주민 전체가 마약에 중독되었다고 한다. 이 마을 학교에 부임한 한 선생이 마약을 함께 하는 것을 거부하자 도리어 이상한 사람 취급을 했다고 한다.

마약에 피폐해가는 주민들을 보다 못한 한 사역자가 40여 명의 마약 중독자들을 따로 모아 성경 말씀을 가르치고 있었다. 말씀의 능력에 의지해 자신과 싸워 이기길 바라는 마음뿐이라고 했다. 답답하고 안타까운 마음에 기도 부탁드린다.

아, 미얀마 2
-메콩강소년

치앙뚱 아버지 집에 '남쪽 와족 자치부대 SWA'를 탈출해 나온 23살 '쑤윗낫'(넷째라는 뜻)이란 청년이 있었다. 9살 때 강제로 군에 끌려갔다가 12년 동안 태국 치앙마이와 국경을 맞대고 있는 '나꼬무' 지역에서 복무했다고 한다.

12년을 복무했어도 아무런 변화가 없이 여전히 누군가의 명령에 따라 훈련하고 일하고 월 700밧(약 2만5천 원)을 받는 삶에 갈등 하다, 물건 사러 갔다 오겠다고 나와 무조건 지나가는 차를 타고 8시간 만에 '남쪽 와족' 자치주를 빠져나와, 평소 나꼬무 아버지 집을 통해 알게 된 옹기장이 집을 거쳐 이곳까지 왔다고 했다.

미얀마 국경 지대에는 와족, 카렌족, 카친족, 샨족, 등 약 20개가 넘는 소수민족 무장 세력들이 70년 넘게 자치 독립을 주장하며 미얀마 정부군과 대치하고 있다.

한국을 비롯해 외국에서는 민주화 세력이라고 일컫고, 이 지역에서는 민족의 자주독립을 위한다고 하지만, 긴 무장 투쟁 속에 두껍게 기득권을 형성한 부패한 군벌들이 되었다.

저들이 처음 무장할 때 세운 목표나 사명은 이제 어리석은 백성들을 선동할 때나 사용하는 구호로만 남았다. 지금 그들 기득권 세력은 미얀마 군부와 적당한 거래를 주고받으며 서로의 자리를 지켜주는 공생관계가 되면서 백성들은 양쪽 모두에게 핍박당하는 신세가 되었다.

자치 독립 세력은 백성들을 외부와 철저하게 차단하고, 부모·형제를 지켜야 한다며, 열 살도 채 되지 않은 아이들을 징집해 어른 총을 들게 하고 인권을 짓밟고 노동력을 착취하고 있다. 나는 어느 계기에 그들 부대를 방문하고 사열을 받아 본 적이 있다.

군벌들은 지역 천연자원을 태국과 중국에 헐값에 팔아넘기고, 일부 세력은 마약을 만들어 전 세계인을 대상으로 유통하고 있다.

군벌의 우두머리들은 태국 싱가포르 미국 등에 집을 두고 자녀들을 유학시킨 후 불러와 자기들의 권력을 물려주고 있다. 일부는 아예 그 나라 국적을 가지고 눌러살고 있다.

이 어두운 현실의 배경에 그들의 무지가 있고, 그 무지의 주변에는 탐욕을 가진 악한 이웃들이 있었다. 분명 자신을 지키지 못한 책임은 자신에게 있다. 그렇다고 약한 자를 지켜주라고 주신 힘으로 약한 자의 남은 것까지 빼앗는 것은 하나님 앞에 악한 것이다.

시장통의 백성들은 아직 순박했다. 정성껏 가꾼 채소 몇 묶음 시장 입구 길바닥에 펼쳐 놓고 아이에게 한쪽 젖을 통째로 내놓고 빨리는 어미의 모습은 행복했다.

길가 먼지 쌓인 포장마차에서 온종일 쏟아낼 힘을 볶음밥 한 접시로 채우는 아빠들의 검게 탄 미소가 독재자와 군벌들의 기름기 흐르는 입술보다 당당하다.

하나님께서 주신 달란트는 사람마다 다르다. 모든 달란트에는 숫자가 다를 뿐, 생명을 지키고 보호해야 할 의무와 책임은 똑같다.

이 지역의 어두운 현실을 말하려 용기를 낸 것은, 우리의 젊은이들이 역사의 교훈을 바르게 받아, 건강하게 자신을 지켜가길 바라서다.

'쑤윗낫'(넷째)은 인권을 유린당하던 곳에서 탈출했으나, SWA의 처지에서 보면 그는 군법을 어긴 탈영병이다. 정보원에게 잡히지나 않을까 불안해하는 그에게, 앞으로 어떻게 살고 싶냐고 물었더니, 중국말을 배워 라오스나 미얀마에 있는 중국회사에 취직해 돈을 벌고 싶다고 한다. 탈출할 때의 그의 의지가 꺾이지 않기를 바라는 마음이다.

아, 미얀마 3

-메콩강소년

타칠랙에서 치앙뚱으로 가는 중간에 몽파약이라는 꽤 큰 마을이 있다. 갈 때처럼 오는 길에도 무장한 군인들이 동네 중앙 양쪽을 막고 차들이 골목길로 돌아가도록 통제하고 있었다.

그곳이 학교 앞인데 기말시험 기간에는 학생들 시험에 장애 된다고 모든 차를 우회시킨다고 했다. 치앙뚱에서 오는 길에도 그런 일이 있었다. 이 학교의 학생 대부분은 미얀마 군인과 공무원 자녀라고 한다.

코로나와 현 군부가 들어서면서 교육에 많은 변화가 있었다. 코로나로 학교에 가지 않고 집에서 인터넷으로 근근이 교육을 이어가던 중 몇 차례 학교에서 사선 사고와 폭탄 사건이 발생한 이후 소수부족 학생들 80% 이상이 아예 국립학교를 군인 자녀 학교로 규정하고 가지 않는다고 했다.

소수민족 아이들에게 대안 교육으로 등장한 게 중국어 학교다. 긴 코로나 기간을 거치며 줌으로 하는 중국어 교육이 튼튼하게 자리를 잡아가고 있었다. 정규 학교에 다니는 아이들도 오후 5시부터 밤 9시까지 다시 중국 학교에 간다.

정치적 불안정과 코로나로 공교육을 받기 어려운 환경이 계속되자 많은 전도자가 소수부족 아이들 교육에 헌신하고 있었다.

한 미국 여자 선교사는 미얀마 '친족' 출신 남자와 결혼하여 자기 자녀는 낳지 않고 홀 부모 밑에서 자라는 아이, 고아, 마약 중독에 빠진 부모를 둔 아이, 분쟁지역에서 소년 소녀 병으로 끌려가지 않으려고 도망쳐온 아이들을 데리고, 태국 국경도시에 살다 코로나가 길어지자 미얀마 밀림 한곳에서 아이들 15명과 함께 살고 있었다. 이곳은 모든 교육을 영어로 하고 있었다.

한 젊은 타이야이족 전도사도 부모님과 작은 식당을 하며 아이들 15명을 돌보고 있었고, 한 아카족 부부는 마약에 노출된 마을에서 젊은이들 20명을 데려와 중국 학교에 보내고 있었다.

태국 인구 감소로 시골 학교들이 문을 닫아야 할 형편에 처하자 학교를 유지해 정부 지원금을 받으려고 일부 교장들이 미얀마 부족 아이들로 학생 숫자를 채우는 곳도 있었다.

그런가 하면 태국 왕비청에서 세운 기숙 학교에서는 미얀마 부족 아이들을 학기 중에 데려가 교육하고 방학 때는 사설 시설로 보내면, 한 기업인이 이런 아이들 수백 명에게 식량을 제공해 방학 동안 보호해 주고 있었다.

태국 국경에 미얀마 아이들을 보호하는 시설이 많은 이유였다. 그동안 이런 일에 종사하는 전도자들의 모습이 너무 대책 없다고 생각되고 의문을 품기도 했는데 그 이유를 알고 나니 이들의 삶을 더 깊이 들여다보지 못한 자신이 부끄러웠다.

아, 미얀마 4
-메콩강소년

정치가 혼란스러운 지역의 특징이 있었다. 교육환경이 열악하고 불공평하다는 것, 쓰레기를 아무 데나 버린다는 것이다. 쓰레기를 적절하게 처리하지 않는다는 것은 주인의식의 결여다.

현재 내가 사는 그곳에 대한 주인의식이 없는 것은, 그곳이 안정감을 주지 못하는 불안정한 사회이기도 하지만, 그 환경을 이기적이고 임시방편적으로 이용하려고만 하기 때문이기도 하다.

문명은 편리함으로 인간의 정신을 병들게 하고 문명의 폐기물은 자연을 오염시킨다. 편리하게 살고 싶다는 인간의 욕망은 뒤처리하는 것을 싫어하는 게으름이 되었다. 게으름이 인간을 부리는 힘이 되는 사회는 필연적으로 부패한다.

미얀마 국경도시 타칠랙 시장은 온갖 중국산 물건들로 관광객들을 불러들이는 곳이다. 그 화려한 가게와 네온을 조금만 벗어나면 온통 쓰레기 더미다. 쓰레기 속에 사람들이 산다.

보이는 것은 화려하고 자극적인 문명의 이기이고, 보이지 않는 뒷골목은 문명의 폐기물이 인간의 삶을 잠식해 가고 있으나, 누구 하나 나서는 이가 없다. 아시아 하이웨이 도로변에도 휘날리는 각종 비닐봉지가 꽃잎을 가리고 그 향기를 앗아 가고 있다. 염분을 찾던 소와 염소들이 이 쓰레기를 먹고 삐쩍 말라 가고 있다.

아버지 집과 옹기장이 집도 외에는 아니었다. 숙소, 부엌, 화장실, 공부방, 심지어 교회까지 두껍게 때가 끼어 있다. 행여 외부 손님을 모시고 왔다면 차마 고개를 들 수 없었을 것이다.

옹기장이 집에서는 말없이 그냥 나왔다. 건강하고 밝은 모습만으로 감사해서다. 아버지 집에서는 안 되겠다 싶어, 큰아이들 대여섯 명을 데리고 신발 정리부터 시작했다. 낡은 전기선을 거두어 보기 좋고 사용하기 편리하게 둥글게 말아주며, "어떠니?" 묻자 모두 멋쩍게 웃는다.

해가 지자 아이들에게 각자의 숙소에 무질서하게 널브러진 이불과 옷, 헌책 등을 정리하고, 부엌, 통로, 교회당의 거미줄과 벽에 붙은 낡은 중국어 스티커까지 다 제거하도록 했다. 창고에 쌓아둔 물건은, 고물로 팔 것과 재활용할 것을 분류해 정돈하라고 했다.

다음날 아버지 집 아이들의 숙제를 점검하고 수고했다고 용돈도 주었다. 하나님은 보이는 세상이 헛되다 하여 게으르고 추하게 사는 것보다, 그의 백성들은 이 세상을 주인의식을 가지고 최선을 다해 살기를 바라신다.

내 꿈은 우리 아이들이 희망을 품고 자기 것을 잘 관리하고 정리 정돈하며 자라는 것이다. 각 공동체 책임자들에게 바라는 것은, 아이들에게 정리 정돈의 본을 보여 달라는 것이다. 자기 것과 주변을 관리하지 못해서 오는 가난은 해결이 난감한 문제라 마음이 쓰인다.

아, 미얀마 5
-메콩강 소년

진정 아름다운 것은 마음의 거울로 보아야 한다. 나는 어딜 가든 그곳 재래시장을 찾아 둘러본다. 마음의 거울을 뒤덮고 있는 찌든 때를 닦아내면, 보고 싶은 울 엄니의 모습이 그곳에 선명하게 살아있어서다. 엄마들만 느낄 수 있는 삶의 노래가 흐르고 그들의 땀이 향기로 풍겨서다.

밤 10시가 넘어 치앙마이 집에 도착해 가방을 정리하는데 치앙뚱 재래시장에서 산 카레 원료 봉지 하나가 나온다. 순간 시장 한쪽 구석진 곳에 카레 가루가 담긴 봉지 20여 개를 두고 다소곳이 앉아 나무 저울을 들고 있던 한 소녀의 모습이 떠오른다.

난 그 나무 저울에 관심이 있어 걸음을 멈추었는데, 그녀는 내가 카레 가루를 사려는 줄로 알고 들고 있던 저울을 내려놓고 눈치를 본다. 나는 웃으며 다시 한번 그 저울을 좀 보여 달라고 했다. 소녀는 천사의 미소를 지으며 나무 저울을 다시 들어 보여주고 사진도 찍도록 해 주었다. 도무지 그냥 가면 안 되겠다 싶어, 카레 봉지 하나를 사서 가방에 넣었다.

타칠랙에서 자고 다음 날 아침을 먹으려고 엘리베이터를 타는데, 상반신을 거의 드러내다시피 한, 한 아가씨, 시장의 그 쁘랑족 소녀 또래의 여자가 중국 방언을 쓰는 남자와 함께 오른다. 온몸을 문신으로 둘렀고, 고개 한 번 들지 않은 채 연신 스마트폰으로 중국어를 찍어 날린다.

문명적 희망을 접으면 자연적 행복이 보인다. 재래시장에서 만나는 가장 가슴 뭉클한 모습은 아이에게 젖을 물리고 고객을 맞이하는 어머니들의 모습이다. 그날도 타칠랙 아카족 시장에서 한 여인이 칭얼대는 아이에게 아예 두 젖가슴을 다 내준 채 손님을 붙잡으려 몸을 움직일 때마다 젖꼭지가 입에서 빠지자, 그 고약한 녀석은 사정없이 불만을 표현한다.

아직도 선명한 엄마와의 추억이 있다. 여름날 버거운 하루를 등목으로 마치신 엄마가 모기장 창문을 닫고 들어오셔서, '아이고 울 막둥이 오늘도 공부 열심히 했제?', 하며 젖가슴을 내주셨다. 그 아련함이 떠오를 때마다 목이 메고 눈시울도 뜨거워지지만, 난 아무것도 할 수 없다.

아내에게 물었다. '치앙뚱 시장 그 쁘랑족 소녀, 그날 나 외 다른 손님이 있었을까?' 좀 더 많이 사 줄걸, 그 앞에 놓인 20여 봉지 다 사도, 치앙마이 문명 속에서 먹는 밥 한 끼 값도 되지 않을 텐데…. 아버지 집에 전화할까도 싶다. 가서 다 사 가지고 내게 보내주던지, 보관해 두라고.

아, 미얀마 6
-메콩강소년

중국과 국경을 맞댄 미얀마와 라오스 국경은 이제 중국의 변방이 돼가고 있다. 태국, 미얀마, 라오스의 국경이 메콩강을 사이에 둔 골든트라이앵글, 우리 메콩강 센터와 마주 보고 있는 라오스 땅에 2009년 9월 9일 오전 9시 9분 9초에 오픈한 카지노 도시가 있다.

처음 계획은 인구 20만이었으나, 이미 그 목표를 넘어서 100만 카지노 도시를 향해 LED 불을 밝히고 있다. 여기서 한 시간 거리에 있는 '치앙콕'부터 중국, 미얀마, 라오스 국경이 만나는 '상(上) 골든트라이앵글'까지 메콩강 고속도로가 뚫려, 비포장도로임에도 이미 대형 화물차가 다니고 있다.

중국에서 태국 북부로 들어오는 최단 거리는, 중국 찐홍-라오스 씨앙콕-미얀마 치앙랍-미얀마 국경 타칠렉으로 이어지는 길이다. 그동안 라오스 씨앙콕과 미얀마 치앙랍 사이를 흐르는 메콩강의 급류가 이 편리함을 가로막고 있었는데, 몇 해 전 이곳에 다리가 놓이면서, 그 불편함도 해결되었다.

이 길에는 '라후족 비뚜쎄(라후 민족의 길, 두목 짜꾸니)'라는 1만 명 정도의 무장 세력이 있다. 나는 이번 미얀마 방문 동안 이 길을 꼭 가려고 단단히 맘먹었다. 첫날에는 허락해 주지 않더니, 치앙뚱에서 돌아와 다시 신청하자 이

길 중간까지 가도록 허락해 주었다.

코로나 이후 외국인으로는 처음인 데다, 코로나 동안에 규정을 잊어버린 미얀마 군인, 규정을 잘 알지 못하는 운전사, 안내자가 오히려 전화위복이 되어 '치앙랍' 라오스로 이어진 다리까지 갈 수 있었다. 다리 앞을 지키는 군인도 속옷 차림으로 세수하다가 우릴 보더니 그냥 들어가라고 한다. 코로나 때 친 철조망이 아직 걷히지 않은 다리 앞에서 사진 몇 장만 찍었다.

서둘러 돌아가려는 운전사를 설득해 메콩강 부두까지 내려갔다. 건너편 라오스 씨앙콕 언덕에 30년 전에 묵었던 숙소가 보인다. 탈북자들을 안내해 오다가 사라진 한 목사님을 찾으려고 배를 타고 이곳을 뒤지던 아픈 추억도 떠올랐다. 마음 같아선 배를 타고 강을 건너고 싶었다.

아내와 안젤라 전도사, 운전사가 언덕 위에서 빨리 오라고 다그친다. 불안해하는 마음을 알면서도 발걸음을 돌리는 것이 못내 아쉬웠다. 돌아오는 길에 '라후족 비뚜쎄' 부대를 꼭 보고 싶어, 차를 세웠다. 16살에 징집당한 지 3년째라는 소년 병사가 긴장한다. 그러나 이내 사진도 찍고 초소 안도 들여다 보도록 허락해 주었다. 언덕 아래 나무숲에 대나무로 지은 막사도 들어가 보고 싶었는데, 그것은 위험하다고 말린다.

마음 아픈 것은 1만 명가량 되는 '비뚜세'부대 안에도 미얀마 군부와 '샨족 민족부대' 휘하로 나뉘어 갈등하는 것이다. 보초병의 오른팔에는 그들의 두목 '짜꾸니' 이름이 샨족 부대 마크 위에 새겨져 있었고, 왼쪽에는 '민족의 길'이라 박힌 삐뚜세 마크가 있는 걸 보아, 이 지역은 샨족 부대 휘하에 속한 것 같았다. 다음엔 꼭 이들의 두목 '짜꾸니'를 만나려고 한다.

보이는 것은 보이지 않는 것을 망각하게 하는 무서운 힘이 있다. 미얀마 소수민족 리더들은 혁명 2세대를 지나 3세대에 이르고 있다. 이들은 보이는 문명에 의해 보이지 않는 정체성을 잊은 지 오래다. 민족 정체성을 말하지만, 이미 비틀린 문명의 이기에 감염되어 있다. 어리석은 백성들 일부가 그들에게 희망을 두고 있다는 것이 더욱 가슴 아픈 일이다.

아, 미얀마 7
-메콩강 소년

그냥 마음에만 간직한 채 지나가고 싶은 일이 있다. 그 마을도 그 사역자도 그렇게 지나가리라 마음먹었다. 그런데 그곳이, 그 사역자가, 자꾸만 마음에 선명하게 떠오른다. 라오스 '씨앙콕'과 미얀마 '치앙랍'을 연결한 다리와 그 사이를 흐르는 메콩강의 추억을 둘러보고 오는 길에, 오랫동안 우리와 말씀 공부를 함께해 온 목사님이 사역하는 라후씨(노랑 라후족) 마을 앞을 지나게 되었다.

마을 입구에서는 어린 소녀들이 깔깔거리며 술래놀이를 하고 있었다. 교회당 바짝 옆에는 함석지붕의 아담한 숙소가 세워졌다. 목사님은 5백 평 정도나 될까, 100m쯤 떨어진 산 중턱을 평평하게 정리하여 대나무로 집을 짓고 있었다. 92년 2월부터 4월까지 빠마이 공동체를 개척할 때와 같은 모습이다.

보지 못한 몇 년 사이 목사님은 앞 윗니도 4개나 빠졌고, 머리도 눈에 띄게 희어졌다. 대나무 집을 지어 무엇하려느냐고 물었더니 기숙형 성경학교를 열겠다고 한다. 아무리 막아보려 해도 늘어만 가는 마약에서 어찌하든 청소년들을 보호해보려고 임시 기숙형 성경학교를 열고, 지금 남자 숙소를 짓는 중이라 한다. 교회 옆 건물은 여자 숙소라고 했다.

치앙뚱에 있는 신학교나 양곤에 있는 신학교에 보내는 게 낫지 않느냐 했더니, 이 아이들은 나이는 먹었어도 초등학교도 나오지 못해 이곳에서 최소한 중학교 과정까지는 마치도록 해 주고 싶다고 했다. 33년 전 메짠과 옴꺼이, 빠마이 공동체를 개척할 때와 똑같다.

그때는 이런 상황을 접하면, 아무것도 생각지 않고 바로 개척을 선언하고 시작했었는데, 이번엔 터져 나오려는 약속을 의지적으로 삼키고 돌아 나왔다. 붉은 흙바닥에 꿇어앉아 하나님께 부르짖기라도 하고 나올 걸, 후회되는 마음이 저릿하다. 선교지도, 우리 사회도 하나님의 약속으로 꿈꾸는 사람이 필요하다.

아, 미얀마 8

-메콩강 소년

2003년 3월 싸쓰(SARS)가 중국과 동남아에 확산하던 때, 그 소식을 접하지 못한 나는 오래전부터 준비해온 메콩강 탐사를 계획대로 떠났다. 당시, 몇 해 전부터 중국 운남성 씹쌩반나, '관례' 부두에서 태국 '치앙쎈'까지 메콩강을 따라 중국 화물선이 다니고 있었다. 나는 그 화물선을 타고 외국인도 오갈 수 있다는 소식을 접하고, 그 길을 따라 메콩강 탐사를 하기로 한 것이다.

태국 치앙컹 국경에서 배를 타고 라오스 후에이싸이로 들어가 다시 버스를 타고 므앙남타를 거쳐 중국 씹쌩반나로 갔다. 물어물어 끝없는 산길 비포장도로를 따라 '관례' 두부까지 하룻길을 갔다. 아카족과 와족의 원시적 모습을 한 작은 마을에 메콩강 부두 공사가 한창이었다. 3일 뒤에나 가는 배가 있다고 했다. 다시 씹쌩반나로 가는 차도 없어 하는 수 없이 그 작은 숲속 마을, 대나무 여관에서 3일을 지냈다. 이런 여행을 취미 삼고 있었으나 매우 답답했다.

드디어 마늘을 가득 실은 '란창호' 화물선 2층에 마련된 특실(?)에 오를 수 있었다. 큰 기적 소리를 울리며 배가 관례 항구를 출발해, 미얀마와 중국 사이 메콩강 협곡을 따라 라오스 국경을 향해 내려갔다. 참 아름다운 하나님의 세계였다. 3일 동안 감옥 아닌 감옥에 갇혀 답답했던 마음이 뻥 뚫렸다.

'상 골든트라이앵글'을 지나, 미얀마 '솔래' 항구, 라오스 '씨앙콕 항구'를 지난 후 약 2시간 정도는 검은 수석들로 둘러쳐진 바위 병풍 사이를 지난다. 그곳에 살고 싶은 마음이 들게 하는 아름다움이었다.

3일이면 태국 치앙쎈 항구에 도착해야 하는데, 건기로 강물이 줄어 생긴 모래톱에 배가 박혀 이틀을 더 배 위에서 있어야 했다. 치앙센에 도착해 집 사람에게 전화했더니, 난리다. 중국과 동남아를 공포에 떨게 한 싸쓰가 집에서 기다리는 가족을 불안하게 한 것이다. 사실 나는 돌아와서야 '싸쓰'란 놈의 소식을 들었다.

이번에도 미얀마 방문을 마치고 차를 보관해 둔 국경 친구 가게에 들렀더니, 내가 갔던 곳에서 발생한 납치사건과 여러 두렵게 하는 이야기들을 들려준다. 가지 말라고 말리고 싶었는데, 얼굴에 쓰인 결단을 꺾을 수 없을 것 같아 말하지 않았다고 한다. 태풍의 눈은 고요하다고 한다. 선교는 아는 길이 아닌, 전혀 모르는 길을 가는 것이다. 그 길을 가는 자는 고요하고 평안하다.

아, 미얀마 9
–메콩강 소년

3주 전부터 미얀마 카렌족 부대와 미얀마 정부군이 태국 메썯 국경 너머, ' 미야와디'와 중국 카지노 도시 '꼬꼬'를 두고 치열한 전투가 이어지고 있다.

카렌 군은 큰 피해 없이 '미야와디'로 연결되는 주변 '쪼도'와 '이나우'를 탈환했다. 이 기세를 몰아 국경 도시 '미야와디'와 중국인들이 세운 카지노 도시 '꼬꼬'까지 점령하기 위해 전투를 확산시켰다.

미얀마 정부군도 비행기까지 동원하며 반격에 나서 전투가 치열해지자, '미야와디' '꼬꼬' '쪼도' '이나우'에 사는 백성들이 건기로 수위가 낮아진 '머이강'과 강물이 마른 작은 하천을 따라 태국 국경 안으로 도망쳐 오고 있다.

개척 중인 헤브론 공동체와 불과 5-10분 거리다. 이 지역에는 인도와 미얀마에서 소를 끌고 와 태국에 팔기 전 검역을 기다리는 대규모 소 축사가 있다. 태국 정부는 밀려온 난민들을 이 축사에 가두고, 물과 식량을 도와달라고 호소하고 있다.

카렌 장교 다수가 부상을 당해 태국 메썯 병원에 실려 왔는데, 태국 정부는 이들을 미얀마 정부군에게 넘기겠다고 하면서 태국과 카렌족 군 사이에 새로운 긴장도 있다.

안타까운 것은 카렌족 내부의 분열이다. KNU로 단일화되어 싸우던 카렌족 내부가 95년 이후 기독교와 불교도 군인으로 분열되었다. 불교도 카렌족 중 일부가 미얀마 정부군 국경 수비대(BGF)로 편입되어 미얀마 군의 보조를 받고 있다.

그들의 우두머리 '멍친뚜'는 태국 내에 살고 있다. 그가 그의 휘하에 있는 100여명의 특수부대를 중국 카지노 도시에 보내 KNU가 들어오는 것에 대비하고 있다. 자칫 큰 민족 상장이 염려된다.

부활절을 준비하다, 소식을 듣고 급히 물과 마른반찬을 공급해 주고 동역자 여러분에게 기도를 부탁합니다.

기억의 재구성

찍은날 2023년 6월 15일
편낸날 2023년 6월 20일
엮은이 시와문화작가회
펴낸이 박몽구
편집위원 노인수 주선미 배정빈 이성환
편집장 장우원

펴낸곳 도서출판 시와문화
주 소 13955 경기 안양시 동안구 경수대로883번길 33,
103동 204호(비산동, 꿈에그린아파트)
전 화 (031)452-4992
E-mail poetpak@naver.com
등록번호 제2007-000005호(2007년 2월 13일)
ISBN 978-89-94833-92-7(03810)

정 가 12,000원